POSITIVE PSYCHOLOGIE IM ALLTAG

Wie Sie Ihre Ängste überwinden Blockaden erkennen und Ihr Bewusstsein dauerhaft positiv ausrichten inkl. Menschen entschlüsseln und Manipulationen erkennen

FLORIAN WEINBERG

ISBN- 9798656193658

INHALTSVERZEICHNIS

EINLEITUNG

Dieses Buch wird keine leichte Abendlektüre, es wird Sie in vielen Momenten in Ihrem Innersten berühren, Sie aufwühlen und auf andere Wege leiten, auf denen Sie sich erst einmal zurechtfinden müssen.

Doch egal wie viel Zeit und Mühe es Sie auch kosten wird, es gibt nichts lohnenderes, als sich seinen persönlichen Ängsten und Hindernissen zu stellen und diese aktiv zu bekämpfen.

In diesem Buch werden Sie lernen, wie Sie Ihre Ängste erkennen, Ihre inneren Blockaden überwinden und Ihr Selbstwertgefühl steigern können. Außerdem wird es um Kommunikation gehen und darum, wie Sie sich aus ungesunden Situationen befreien können, in denen Sie gegen Ihren Willen zu Entscheidungen gedrängt werden.

Tauchen Sie ein, in Ihre eigenen Tiefen und schrecken Sie nicht vor den Herausforderungen zurück, denen Sie auf diesem Weg begegnen werden, denn es wartet ein Leben auf Sie, das von positiven Ereignissen und schönen Erlebnissen geprägt ist.

Ich freue mich darauf, Sie bei diesem Weg zu begleiten und wünsche Ihnen viel Erfolg für Ihre Zukunft.

ÄNGSTE

Angst ist eigentlich etwas Natürliches. Sie zeigt uns an, wenn wir uns in einer gefährlichen Situation befinden. Sie schützt uns, unseren Körper und unsere Seele. Wir brauchen einen Sinn nach Vorsicht, der auch mit Angst zusammenhängt, um uns nicht in gefährliche Situationen zu begeben oder uns aus diesen zu befreien.

Angst ist stets etwas subjektives. Auch wenn es Augenblicke gibt, die universell als gefährlich eingestuft werden, unterscheidet sich doch das Ausmaß unserer Angst.

Doch woher kommt die Angst? Und wie entwickeln sich Angststörungen, die unseren Alltag einschränken?

Wie entstehen Ängste?

Gesunde Ängste, die vor akuten, gefährlichen Situationen aufkommen, entstehen im Laufe unseres Lebens durch verschiedene Faktoren. Zunächst einmal gibt es eine Grundangst, einen Urinstinkt, der uns in brenzligen Situationen warnt. Er entwickelt sich in der frühen Kindheit, dann nämlich, wenn ein Kleinkind plötzlich anfängt, sich beim Treppensteigen am Geländer festzuhalten oder Abstand von Kanten zu nehmen. Dieser Urinstinkt wird untermauert von Erfahrungen. Wer bereits einmal vom Stuhl gefallen ist und sich dabei den Kopf am Fußboden aufgeschlagen hat, der passt beim nächsten Mal besser auf, denn er hat bereits negative Erfahrungen mit einer bestimmten Situation gesammelt.

Hinzu kommt der Faktor der Beobachtungen und Nachahmungen. Bereits im Kindesalter beobachten wir, wie unsere Eltern Abstand von heißen Herdplatten oder Bügeleisen nehmen. Wir beobachten sie dabei, lassen uns die Sachlage erklären, wenn wir bereits ein Alter erreicht haben, in welchem das möglich ist, und fangen an, gefährliche Situationen anders einzuschätzen. Nicht unbedingt, weil wir uns selbst bereits verbrannt haben, sondern weil wir auf die Erfahrungswerte unserer Eltern, Großeltern und Freunde vertrauen.

Doch wie entstehen Angststörungen, also Ängste, die nicht der aktuellen Situation entsprechen und so stark sind, dass sie den normalen Tagesablauf beeinträchtigen?

Die Entwicklung einer solchen Angststörung wird durch verschiedene Faktoren begünstigt. Zunächst einmal haben Wissenschaftler in Studien herausgefunden, dass einige Personen eine genetische Veranlagung dazu haben, in bestimmten Situationen mehr Stress und Angst ausgesetzt zu sein. Es gibt außerdem Menschen, die mit dem Verlust eines geliebten Menschen besser zurechtkommen und ihn als einen natürlichen Prozess wahrnehmen als andere. Manche Personen kommen über den Tod eines Freundes, der Eltern, Großeltern oder anderer Familienmitglieder nicht hinweg. Sie verharren in der Trauer, können diese nicht verarbeiten und entwickeln dadurch Ängste, die in bestimmten Augenblicken besonders stark zum Vorschein kommen.

Es muss nicht unbedingt der Tod eines nahestehenden Menschen sein, auch andere Verluste sind schwer zu verkraften. Beispielsweise wird einem bei der Arbeit gekündigt, man wurde von seinem Lebenspartner betrogen und verlassen oder man hat sich mit seinen Eltern derart zerstritten, dass man nicht mehr zueinanderfindet.

Treffen diese Ereignisse, die ein Traum bei der betroffenen Person verursachen, mit akuten Problemen zusammen, dann kann dies eine Panikattacke auslösen.

In der Lerntheorie werden die Auslöser für eine Panikattacke oder Angststörung folgendermaßen beschrieben: Es gibt zwei verschiedene Arten der Konditionierung, diese werden operante Konditionierung und klassische Konditionierung genannt.

Operant ist eine Konditionierung dann, wenn vorsichtiges Verhalten ein bestimmtes Ergebnis erzielt. Ein Mensch hat beispielsweise große Angst davor, allein in seiner Wohnung zu sein. Aus diesem Grund trifft er Vorsichtsmaßnahmen, zieht in eine Wohngemeinschaft, verabredet sich sehr häufig mit Freunden. Das Ergebnis ist für diesen Menschen positiv, denn er vermeidet die angsteinflößende Situation erfolgreich und verhindert dadurch eine Angstattacke. Problematisch ist jedoch, dass die Angst vor der Einsamkeit aufrechterhalten wird, weil sich die Person dieser Situation nicht stellt. Würde sie dies tun, so könnte sie schnell erkennen, dass nichts Schlimmes passiert, wenn sie sich allein in der Wohnung befindet.

Bei der klassischen Konditionierung ist die Angst an einen anderen Reiz gekoppelt. Die betroffene Person konnte ihr Leben lang Auto fahren, nach einem Unfall jedoch koppelt sie die Angst an das Auto. Diese Angst ist einerseits begründet, denn die Person hat bereits eine sehr negative

Erfahrung gemacht. Andererseits ist das Risiko, dass ein solcher Unfall noch einmal passieren könnte, recht gering, wenn alle notwendigen Vorsichtsmaßnahmen eingehalten werden.

Problematisch ist auch, dass sich die Angst in einem Teufelskreis bewegt. Das wird zum Teil dadurch verursacht, dass Angst nicht nur psychisch, sondern auch physisch wahrgenommen wird. Wer eine Panikattacke hat, der hat durchaus physische Symptome in Form von Herzrasen, Übelkeit, Durchfall oder Schwindelgefühlen. Diese verbindet er mit Krankheiten, beispielsweise einem Herzinfarkt oder einer schweren Kreislaufstörung. Die Angst nimmt dadurch zusätzlich zu.

Angst ist grundsätzlich etwas Natürliches, doch wenn die Angst- und Panikattacken den Alltag bestimmen und der normale Tagesablauf nicht mehr stattfinden kann, dann liegen Angststörungen vor.

Welche Angststörungen treten häufig auf?

Grundsätzlich können Angststörungen in allen Formen und Farben auftreten. Was bedeutet das genau? Jeder Mensch ist ein Individuum. Das bedeutet auch, dass jedes Gehirn seine Außenwelt unterschiedlich wahrnimmt. Was auf einige Menschen sehr beängstigend wirken kann, löst bei anderen ein ganz anderes Gefühl aus. Grundsätzlich kann man deshalb vor jeder Situation Angst haben, diese kann sich auch verschieden äußern. Manche leiden an Kopfschmerzen, andere haben Herzrasen und wieder andere bekommen Schweißausbrüche oder plötzliche Verdauungsbeschwerden.

Doch auch wenn wir alle verschieden sind, so decken sich einige Symptome und Situationen, die Angstattacken hervorrufen. In diesem Kapitel erfahren Sie alles über Angststörungen, die besonders häufig auftreten.

- Generalisierte Angststörung: Es handelt sich um einen Zustand, der meist über mindestens sechs Monate anhält. Die betroffene Person spürt in diesem Zeitraum vermehrt Angst und macht sich große Sorgen. Diese Angstzustände sind nicht an ein bestimmtes Ereignis gekoppelt, sondern treten in den unterschiedlichsten Situationen auf.

- Soziale Angststörung: Die Angst tritt in Verbindung mit anderen Menschen auf. Die betroffene Person hat große Angst davor, nicht in der Gesellschaft akzeptiert zu werden, kritisiert zu werden oder Erniedrigungen aushalten zu müssen. Nicht nur Ausnahmesituationen erzeugen eine Panikattacke, sondern auch alltägliche Momente mit Mitmenschen, bei denen es beispielsweise zum Smalltalk kommt oder mit Mitarbeitern gesprochen werden muss. Die Störung kann sich auf fremde Menschen oder andere Menschen im Allgemeinen beziehen.

- Panikstörung: Leidet eine Person an einer Panikstörung, dann steht nicht der Inhalt der Ängste im Vordergrund. Die Attacken werden durch verschiedenste Situationen ausgelöst und bringen starke bis sehr starke körperliche Begleiterscheinungen mit sich. Die betroffene Person leidet während einer Panikattacke beispielsweise an Atemnot, fängt sehr stark an zu schwitzen oder bekommt Herzrasen. Wiederholen sich die Panikattacken mehrmals innerhalb eines Monats, so muss auf jeden Fall ärztliche Hilfe gesucht werden, denn die Symptome und auch ihre

Auslöser werden mit großer Wahrscheinlichkeit nicht von alleine verschwinden.

- Phobien: Von einer Phobie ist die Rede, wenn die betroffene Person eine bestimmte Situation oder besondere Objekte meidet, weil sie vor ihnen große Angst hat. Das können beispielsweise ein Fahrstuhl, ein Flugzeug oder eine Spritze sein. Aber auch Situationen, wie der Aufenthalt in einem kleinen Raum oder ein Vorstellungsgespräch.

- Posttraumatische Belastungsstörung: Wenn ein Mensch eine absolute Ausnahmesituation durchlebt, beispielsweise eine Vergewaltigung, einen Unfall, oder einen Krieg, dann verändert sich die Wahrnehmung dieser Person in den ersten Tagen und Wochen nach dem Vorfall sehr stark. Es handelt sich hierbei um einen natürlichen Vorgang, denn das traumatische Ereignis muss erst aufgearbeitet werden. Eine posttraumatische Belastungsstörung liegt dann vor, wenn die betroffene Person das Geschehen im Geiste immer und immer wieder durchlebt. Sie kann sich nicht entspannen, kann nicht abschalten und entwickelt Panikattacken, die auf diesem Ereignis und dem dadurch verursachten Trauma basieren.

- Zwangsstörung: Eine Zwangsstörung tritt dann auf, wenn eine Person gegen ihre Ängste kämpft, welche sie auch bereits als irrational erkennen kann. Die betroffene Person weiß also bereits, dass ihre Sorgen nicht der aktuellen Situation entsprechen, sie kann ihre Handlungen aber trotzdem noch nicht verhindern. Beispielsweise gibt es Menschen, die besonders große Angst haben, sich durch Bakterien und Keime mit schrecklichen Krankheiten zu infizieren. Sie wissen sogar vielleicht schon, dass ihre Angst nicht mit dem eigentlichen Gefahrenpotenzial der Situation zusammenpasst, müssen sich aber trotzdem zwanghaft die Hände waschen und ihre Kleidung desinfizieren.

Welche Therapiemethoden gibt es?

Bevor ich darauf eingehen möchte, was Sie selbst von zu Hause aus gegen Ihre Angststörungen tun können, möchte ich in diesem Kapitel auf die professionellen Therapiemethoden eingehen.

- Medikamentöse Behandlung: Um Angststörungen zu behandeln, werden heutzutage Antidepressiva eingesetzt. Liegt eine generalisierte Angststörung vor, so können auch Antiepileptika verwendet werden. Je nach Medikament variiert auch die Wirksamkeit und Stärke. Einige Medikamente haben großen Einfluss auf den Alltag, denn sie verändern die Persönlichkeit der betroffenen Person. Es kann vorkommen, dass der Patient sich nicht an die Veränderungen gewöhnen kann, die durch die Einnahme der Medikamente hervorgerufen werden. Es kann außerdem zu Nebenwirkungen und Abhängigkeit kommen. Die Medikamente sind deshalb nur in direkter Absprache mit einem Arzt einzunehmen. Selbstmedikation kann verheerende Folgen haben. Die Medikamente sollten auch in keinem Fall eigenständig und ohne Absprache mit dem behandelnden Arzt abgesetzt werden.

Ist die Therapie abgeschlossen, so müssen die Medikamente noch etwa sechs Monate bis zu einem ganzen Jahr eingenommen werden. Ansonsten kann es passieren, dass es zu Rückfällen kommt. Außerdem hat die medikamentöse Behandlung Einfluss auf den Stoffwechsel und den Kreislauf der betroffenen Person. Aus diesem Grund sollten Einnahme und Absetzung, dementsprechend die gesamte Behandlung, in direkter Absprache mit dem behandelnden Arzt erfolgen. Die medikamentöse Behandlung wird in den meisten Fällen nicht allein durchgeführt, sie wird stattdessen mit einer kognitiven Verhaltenstherapie kombiniert.

- Kognitive Verhaltenstherapie: Während die medikamentöse Behandlung mit ihrer chemischen Wirkung Einfluss auf die Angststörung hat, beschäftigt sich die kognitive Verhaltenstherapie mit dem Verständnis der Angststörung. Es ist wichtig, einen Psychotherapeuten zu finden, mit dem man sich sehr gut versteht. Das bedeutet nicht, dass eine persönliche Beziehung aufgebaut werden muss, aber die Kommunikation muss stimmen, ebenso wie das Mindset beider Parteien. Hat die betroffene Person kein Vertrauen in ihren Therapeuten, so kann die Therapie im Zweifelsfall nicht funktionieren. Während der Psychotherapie soll die betroffene Person lernen, welche

Denkprozesse die Auslöser für ihre Angst sind. Sie soll also ein neues Verständnis für ihre Psyche gewinnen. In vielen Fällen ist es notwendig, hierfür weit in der Zeit zurück zu gehen und Ereignisse aufzuarbeiten. Doch selbst wenn die Person nun weiß, wo ihre Schwächen liegen, mit welchen Situationen sie nicht umgehen kann und welche Ängste sie im Alltag behindern, ist das noch nicht die Lösung. Nun geht es darum, Verhaltensmuster zu durchbrechen, um mit den Ängsten in Zukunft anders umgehen zu können. Das ist mitunter ein langwieriger Prozess, der viele Stufen durchlaufen muss. Auch Konfrontationsübungen werden im Rahmen der Psychotherapie häufig durchgeführt. Sie bestehen aus einer direkten Konfrontation mit einer angsteinflößenden Situation. Selbstverständlich wird dieser Prozess in direkter Absprache mit dem behandelnden Psychotherapeuten durchgeführt. Dieser kann die Übung leiten und darauf achten, dass die Person mit einem positiven Lernprozess aus der Konfrontation hervorgeht. Die Reizüberflutung ist anfangs sehr schwer zu ertragen, doch wenn die Therapie voranschreitet, dann kann der Patient immer besser mit der Situation umgehen. Ziel ist, die Ängste zu überwinden, dies ist aber mitunter ein jahrelanger Prozess, der vieler Übungen bedarf. Besonders in der Anfangszeit werden viele traumatische Erlebnisse aufgearbeitet. Das bedeutet, dass diese Ereignisse, die meist über viele Jahre hinweg ins Unterbewusstsein verdrängt wurden, nun wieder an die Oberfläche gelangen. Das ist keine leichte Arbeit, eine Psychotherapie ist deshalb keine leichte Aufgabe, sondern bedarf großem Engagement. Außerdem ist es wichtig, sich als Patient zu verpflichten, sowohl innerlich als auch rein zeitlich. Beständigkeit und Aufgeschlossenheit sind wichtige Bedingungen für den Erfolg einer Psychotherapie. Wenn es notwendig ist, kann die kognitive Verhaltenstherapie mit einer medikamentösen Therapie kombiniert werden. Das ist jedoch nicht in allen Fällen notwendig.

Was kann man selbst tun?

Eine sehr große Hürde für viele Menschen mit einer Angststörung ist, diese überhaupt zu erkennen und sich einzugestehen, dass man ein Problem hat, an welchem man arbeiten sollte. Unsere Psyche ist eines unserer wertvollsten Güter, denn auch wenn wir uns auf die Meinung unserer Mitmenschen verlassen möchten, ist unser größter Richtwert immer unser eigener Verstand. Zu akzeptieren, dass wir uns nicht auf unser eigenes Gehirn verlassen können, weil wir eine irrationale Angst gegenüber einer Situation haben, ist deshalb alles andere als einfach. Hinzu kommt der Druck von außen, denn in unserer Gesellschaft herrschen leider weiterhin sehr viele Vorurteile gegenüber psychischen Erkrankungen. Das baut großen Druck auf, denn wir kämpfen im Verborgenen gegen unsere Ängste an und können diese mit den meisten unserer Mitmenschen nicht teilen.

Diese Einstellung, sowohl in der Gesellschaft als auch auf persönlicher Ebene, sorgt dafür, dass sich viele betroffene Personen vor einer Psychotherapie oder einer medikamentösen Therapie sträuben. Zu groß ist die Angst davor, sich selbst Schwächen einzugestehen. Wichtig ist jedoch die Erkenntnis, dass sich Ängste und Phobien verfestigen, wenn sie unbehandelt bleiben. Die wenigsten von ihnen verschwinden von allein wieder, denn sie sind meist tief im Unterbewusstsein der betroffenen Person verankert.

Aus diesem Grund zeigt es ein hohes Maß an Verantwortungsbewusstsein und Selbstliebe, seine Ängste zu erkennen und sich in eine Therapie zu begeben. Wenn Sie an einer Psychotherapie teilnehmen und diese vielleicht sogar mit einer medikamentösen Therapie kombinieren, dann gibt es trotzdem einige wirksame Dinge, die Sie im Alltag tun können, um Pankattacken zu beruhigen und Ihre Fortschritte weiter voranzutreiben:

- Ausgewogene Ernährung: Ihre Ängste spielen sich zwar in Ihrem Kopf ab, doch häufig unterstützen Sie Ihre Angstattacken, wenn Sie Ihren Körper nicht optimal mit Nährstoffen versorgen. Psychische Erkrankungen und Ungleichgewichte können durch einen Nährstoffmangel oder eine Stoffwechselstörung begünstigt werden. Wenn Sie sich täglich gesund ernähren, auf die Einnahme von Vitaminen achten und Ihren Körper mit allen notwendigen Mineralstoffen versorgen, dann schaffen Sie damit eine optimale Basis für eine gesunde Psyche.

- Bewegung: Sport und Bewegung bauen Stress ab und bringen Sie auf andere Gedanken. Wenn Sie sich viel bewegen und dabei an der frischen Luft sind, dann unterstützen Sie Ihren Organismus sehr. Denn wenn Sie sich allgemein fitter und gesunder fühlen, dann können Sie es weitaus leichter mit Ihren Ängsten aufnehmen und die Kontrolle über Ihr Leben gewinnen.

- Gesunder Lebensstil: Wenn Sie sich mit Ihrem Lebensstil beschäftigen und versuchen, bewusst ein Gleichgewicht herzustellen, dann unterstützen Sie damit allgemein die Heilungsprozesse in Ihrem Körper und Ihrem Geist. Versuchen Sie, eine Work-Life-Balance zu finden, mit der Sie sich wohlfühlen. Wenn Sie bereits seit langem mit Ihrer Arbeit hadern, dann wäre jetzt womöglich der Moment, um sich aktiv nach einer besseren Lösung umzusehen. Wenn Sie Ihr Leben selbst in die Hand nehmen, anstatt sich von äußeren Einflüssen herumschubsen zu lassen, dann können Sie ein besseres Gleichgewicht herstellen.

- Konflikte aufarbeiten und bewältigen: Dies ist oft kein leichter Schritt und der Vorgang bedarf manchmal vieler Monate oder sogar Jahre. Es lohnt sich aber in jedem Fall, den Prozess in die Wege zu leiten. Oft haben sich im Laufe unseres Lebens Konflikte mit bestimmten Mitmenschen aufgestaut. Wenn es sich um Personen handelt, die nicht zu Ihrem festen sozialen Umfeld gehören, dann können Sie diese Konflikte in vielen Fällen aus dem Weg schaffen, indem Sie sich von besagter Person losmachen. Doch manchmal entstehen Meinungsverschiedenheiten und Streitereien innerhalb der Familie und dann kann man mit dem Konflikt nicht so leicht abschließen. In vielen Familien wäre es sinnvoll, eine Paartherapie oder eine Familientherapie zu beginnen. Doch das ist nicht immer notwendig. Sie können viele Konflikte lösen, indem Sie sie offen ansprechen und sich selbst und die andere Person mit der Situation konfrontieren. Wichtig ist dies, weil unterschwellige Konflikte mit Mitmenschen unseren Gemütszustand langfristig beeinflussen. Wenn wir unsere Ängste therapieren möchten, dann fangen wir an, in unserem Inneren aufzuräumen. Wir möchten Risikoherde eliminieren und dazu gehören eben auch die Konflikte mit unseren Mitmenschen.

- Stress bewältigen und vermeiden: Wenn Sie in Ihrem Alltag sehr oft Stress und hoher Belastung ausgesetzt sind, dann begünstigt dies Ihre Ängste und kann zu Panikattacken führen. Wenn Sie lernen, Stress zu vermeiden und zu bewältigen, dann unterstützen Sie damit auch Ihre psychische Gesundheit. Versuchen Sie es auch mit Entspannungstechniken. Einige Menschen meditieren gerne, andere gehen spazieren oder machen einige Dehnübungen.

Probieren Sie verschiedene Dinge aus, um herauszufinden, welche Methode Ihnen am meisten zusagt.

Dies waren Tipps, die Sie insgesamt in Ihrem Leben umsetzen sollten, damit Sie Ihre Ängste besser bekämpfen können und Panikattacken seltener werden. Im folgenden Abschnitt gebe ich Ihnen einige Techniken mit an die Hand, mit deren Hilfe Sie eine akute Panikattacke bewältigen können:

- Akzeptanz: Sie möchten Ihre Ängste zwar insgesamt bekämpfen, doch wenn Sie gerade mitten in einer Angstattacke stecken, dann hilft ein Gegenankämpfen meist nicht, es kann die Situation sogar noch verschlimmern. Aus diesem Grund spielt die Akzeptanz eine sehr große Rolle. Sie müssen sich eingestehen, dass Sie gerade eine Panikattacke haben, nur dann können Sie diese auch überwinden. Auch wenn dies widersprüchlich klingt, müssen Sie es schaffen, während der Panikattacke nicht panisch zu werden. Das schaffen Sie, indem Sie die Angstattacke als solche akzeptieren und Ihre Emotionen zulassen, sich aber nicht in die Gefühle hineinsteigern. Versuchen Sie, sich nicht überrollen zu lassen, sondern stattdessen an andere Dinge zu denken, beispielsweise daran, dass Sie die Attacke überleben werden, dass Sie nicht an einer

Panikattacke sterben werden und dass diese meist zwischen 10 und 30 Minuten anhält. Sie können die Attacke noch nicht ganz verhindern, aber Sie können trotzdem die Kontrolle behalten.

- Atmungsübungen: Die Techniken müssen Sie erlernen, wenn Sie gerade keine Angstattacke haben, doch dann können Sie sie später im richtigen Moment anwenden. Versuchen Sie, langsam durch die Nase einzuatmen und dabei darauf zu achten, wie sich Ihr Körper mit Luft füllt. Anschließend atmen Sie langsam durch den Mund wieder aus. Oft fangen die betroffenen Personen während einer Panikattacke an, sehr schnell einzuatmen und vergessen, auszuatmen. Das ist nicht gesund, sorgt für einen schnellen Herzschlag und verschlimmert die Angstattacke. Wenn Sie hyperventilieren, sollten Sie einige Sekunden die Luft anhalten oder eine Papiertüte dabeihaben, in welche Sie atmen können. Auf diese Weise sorgen Sie dafür, dass nicht zu viel Sauerstoff in Ihr Gehirn gelangt.

- Drei-Dinge-Methode: Wenn man sich in einer Panikattacke befindet, dann erleidet man oft einen Realitätsverlust. Man fühlt sich losgelöst von dem eigenen Körper und von dem Ort, an dem man sich befindet. Es kann deshalb helfen, in einem solchen Moment die Drei-Dinge-Methode anzuwenden.

Sie ist einfach umzusetzen und wirkt mit einiger Übung äußerst effektiv. Wenn Sie sich mitten in der Panikattacke befinden und merken, wie Sie sich aus Ihrem Körper lösen, denken Sie an drei Dinge, die Sie riechen können, an drei Dinge, die Sie schmecken können, an drei Dinge, die Sie hören können und an drei Dinge, die Sie sehen können. Innerhalb weniger Sekunden finden Sie wieder Zugang zur Realität und die Panikattacke legt sich.

- Meditation: Auch hier handelt es sich um Übungen, die Sie erlernen müssen. Anschließend können Sie sie anwenden, wenn eine Panikattacke über Sie hereinbricht. Es gibt verschiedene Übungen, heute kann man sich auch Apps auf sein Smartphone laden, mit denen die Meditationsübungen noch erleichtert werden. Wenn Sie denken, dass dies eine gute Möglichkeit für Sie wäre, dann beschäftigen Sie sich einmal mit dem Thema, schauen Sie sich Youtube-Videos an, lesen Sie Bücher über Meditation und verwenden Sie auch gerne eine App, wenn es Ihnen später bei der Bewältigung einer aufkommenden Panikattacke hilft.

- Mentaler Notfallkoffer: Jeder Mensch hat seine ganz eigenen Dinge, die ihn beruhigen, wenn er eine Panikattacke bekommt. Es kann helfen, einen mentalen Notfallkoffer für solche Situationen zu haben. Es handelt sich um ein Sortiment an Schritten und Dingen, die Ihnen im Augenblick des Notfalls dabei helfen, eine Panikattacke zu überwinden. Sie können sich einen kleinen Zettel in Ihr Portemonnaie legen, auf welchem Sie die einzelnen Techniken niederschreiben.

- Wasser: Sie können es trinken, sich das Gesicht anfeuchten oder es sich über die Handflächen laufen lassen. Wasser erdet uns, es ist kühl und frisch und es lenkt die Gedanken einige Sekunden ab. Meist reichen diese wenigen Sekunden schon aus, um eine Panikattacke lindern zu können. Die Atmung wird automatisch verlangsamt, wenn wir trinken, auch aus diesem Grund hilft es, bei einer Panikattacke ein paar Schlucke Wasser zu sich zu nehmen.

Aufgabenteil

Die Aufgaben in diesem Abschnitt des Buches dienen dazu, dass Sie sich selbst etwas besser kennenlernen. Am besten legen Sie ein Tagebuch an, in welchem Sie folgende Fragen in regelmäßigen Abständen (bspw. alle zwei Wochen oder alle zwei Monate) beantworten:

1. In welchen Situationen treten Angst- oder Panikattacken auf?

2. Wie äußern sich die Attacken? Welche Symptome haben Sie?

3. Wie lange halten die Attacken an?

4. Wie häufig treten sie auf?

Wenn Sie diese Beobachtungen in regelmäßigen Abständen anstellen und aufschreiben, dann können Sie den Verlauf Ihrer Angststörung oder Phobie besser überblicken. Vielleicht werden Ihnen auch neue Symptome auffallen? Wenn Sie sich in eine psychotherapeutische Behandlung begeben, dann können Sie Ihre Beobachtungen dort ansprechen.

BLOCKADEN

Blockaden können verschiedener Natur sein. Es gibt körperliche Blockaden, die durch falsche Bewegungen oder eine unangemessene Körperhaltung entstehen. Sie hindern uns daran, uns normal bewegen zu können, es kann zu Muskelschmerzen und Fehlstellungen kommen. Das Ergebnis: Wir können das Potenzial unseres Körpers nicht ausschöpfen, sind gehemmt und geschwächt. In diesem Kapitel geht es aber um andere Blockaden, die im Grund genommen ebenso wirken, wie die körperlichen, allerdings in unserem Kopf stattfinden.

Es handelt sich dann um eine Blockade, die unser Denken und unser Verhalten beeinflusst. Wir können eine Aufgabe nicht bearbeiten, weil wir uns ihr nicht gewachsen fühlen oder weil sie andere Emotionen in uns hervorruft, die uns und unsere Produktivität stoppt. Doch wie kommt es zu diesen Verhaltensweisen und Denkmustern?

Wie entstehen Blockaden?

Blockaden in unserem Kopf entstehen, wenn wir durch Ereignisse getriggert werden, sodass uns die durch das jeweilige Ereignis hervorgerufenen Emotionen ausbremsen. Wir sind dann nicht mehr in der Lage, unsere Produktivität, unsere Kreativität und unser volles Potenzial auszuschöpfen. Im Vordergrund steht in diesem Zusammenhang nicht das Problem oder Ereignis an sich, denn dieses kann für eine andere Person vollkommen harmlos sein. Es geht vielmehr darum, wie wir auf dieses Problem reagieren und welche Emotionen es in uns hervorruft.

Diese Blockaden können auch als Effizienzblockaden bezeichnet werden. Es wird unterschieden in fünf Gruppen:

- Emotional: In emotionalen Blockaden werden vor allem die Gefühle angesprochen. Ein Ereignis sorgt dafür, dass sich unser emotionaler Zustand ganz plötzlich verändert. Es handelt sich um einen Wandel, den wir meist nicht bewusst wahrnehmen, denn er kann sehr schnell passieren. Julia wurde in ihrer Schule häufig gemobbt. Sie hatte zwar recht gute Noten, war bei ihren Mitschülern aber nicht beliebt und hatte keine Freunde. Über Jahre hinweg hat sich deshalb ein negatives Gefühl gegenüber dieser Schule und anderen Bildungseinrichtungen aufgebaut. Wenn Julia heute ein Schulgelände betritt, dann fühlt sie sich augenblicklich bedrückt und schlecht. Es handelt sich hierbei um eine emotionale Blockade, denn ihre Leistung an der Schule und auch später an der Universität war ausgezeichnet. Trotzdem fühlt sie sich der Situation nicht gewachsen.

- Motivational: Bei einer motivationalen Blockade steht unsere Blockade in direktem Zusammenhang zu bestimmten Aufgaben und Problemen. Es gibt beispielsweise Menschen, die in der Schule schlechte Erfahrungen mit Hausaufgaben oder Referaten gemacht haben. Wann immer dieser Begriff fällt, blockiert sich das Gehirn der Person. Die Blockade steht aber nicht in direktem Zusammenhang zum Inhalt der Aufgabe, denn die kann ja jedes Mal eine ganz andere sein. Allein die Aufgabenstellung ist es, die Probleme bereitet.

- Kognitiv: Im Laufe unseres Lebens lernen und erkennen wir verschiedenste Muster. Eine kognitive Blockade wollen wir am Beispiel der Frau K. veranschaulichen. Frau K. wurde in ihrer letzten Beziehung betrogen und sie muss mitbekommen, wie eine ihrer Freundinnen von ihrem Mann verlassen wird. Diese Erfahrung und die Beobachtungen bei der Freundin sorgen dafür, dass Frau K. in ihren zukünftigen Beziehungen Eifersuchtsattacken bekommt. Sie hat nun einen neuen Lebenspartner, Herrn P. Frau K. hat große Schwierigkeiten mit den weiblichen Freundschaften des Herrn P. Es kommt häufig zum Streit, dabei leidet Frau K. an einer kognitiven Effizienzblockade. Herr Ps Freundschaften stellen objektiv gesehen kein Risiko für die Beziehung dar, Frau K. fällt es jedoch sehr schwer, das zu erkennen, denn sie hat in der Vergangenheit bereits schlechte Erfahrungen gemacht.

- Automatismen: Automatismen begegnen uns im Alltag sehr häufig, schon allein aus biologischer Sicht. Es handelt sich dabei um Vorgänge, die ohne Überlegung ablaufen. Das Atmen ist zum Beispiel ein Automatismus. Auch im Zusammenhang mit Blockaden gibt es solche Automatismen. Es handelt sich dann um Verhaltensweisen und Reaktionen auf Ereignisse, die wir ohne bewusste Überlegung an den Tag legen.

- Behavioral: Dies ist eine Blockade, die mit dem Verhalten und den Denkmustern der betroffenen Person einhergehen. Menschen sind

Gewohnheitstiere, doch manchmal haben wir eben auch negative Gewohnheiten und Verhaltensmuster, die zu immer dem gleichen Ergebnis führen. Ludwig ist eigentlich ein kluges Kind, aber er ist sehr ängstlich, wenn neue Situationen auf ihn zukommen. Nun steht er vor einer neuen Aufgabe, doch statt diese anzugehen und sich darüber zu informieren, wie sie zu lösen ist, zuckt er zurück, schaut sich hilfesuchend um und fühlt sich, als sei er der Situation nicht gewachsen. Nicht, weil er das Problem nicht lösen kann, sondern weil er eben immer so handelt.

Strategien zur Überwindung von Blockaden

Die Blockade, die wohl am häufigsten angesprochen wird, ist die Schreibblockade eines Autors. In zahlreichen Büchern und Filmen ist davon die Rede, dass ein Schreiberling eine kreative Pause benötigt, weil er seine Schreibblockade nicht überwinden kann und die Ideen einfach nicht aus ihm heraussprudeln wollen. Der Prozess ist dann sehr stockend und kommt teilweise sogar vollkommen zum Stehen.

Es gibt im Alltag noch eine große Anzahl anderer Blockaden, aber das Problem wird an diesem Beispiel eines Autors oder einer Autorin eigentlich sehr gut verdeutlicht: Der natürliche Vorgang der Problembewältigung wird durch einen Widerstand im Kopf aufgehalten und unterbrochen.

Da die meisten Blockaden bereits in der Kindheit entstehen und sich dann weiter verfestigen, lösen sie sich im Erwachsenenalter nicht von alleine in Luft auf. Es gibt aber Strategien, mit denen Sie Ihre Blockaden überwinden können. Wie auch bei den Ängsten, ist bei der Überwältigung von Blockaden von großer Wichtigkeit, dass Sie Ihre Probleme und Ängste erkennen können. Wenn Sie blind durch Ihren Alltag gehen, dann können fühlen Sie sich zwar ausgebremst und können die Konsequenz der Blockade deutlich spüren, Sie haben aber keine Ahnung, was Sie gegen dieses Problem tun können.

Erst, wenn Sie Ihre Blockaden beim Namen nennen können, wissen, um welche Art von Blockade es sich handelt und ihre Auslöser benennen können, dann können Sie Ihre Denk- und Verhaltensweise ändern.

Aus diesem Grund ist es sehr wichtig, dass Sie sich auf die Suche nach Ihren Blockaden und deren Ursachen machen. Das können Sie alleine tun, indem Sie sich mit Ihrer Kindheit auseinandersetzen und verschiedene Situationen hinterfragen. Wenn Sie feststellen, dass Sie trotz großer Anstrengungen nicht in der Lage sind, allein auf die Gründe für Ihre Blockaden zu kommen, dann können Sie sich kompetente Hilfe suchen. Manch einer fühlt sich sehr wohl, wenn er seine Probleme und Glaubenssätze mit einem befreundeten Menschen analysiert und Vergleiche aufstellt. Andere Personen fühlen sich bei einem Psychotherapeuten besser aufgehoben.

Wenn Sie herausgefunden haben, mit welcher Blockade Sie zu kämpfen haben und wie sich diese äußert, dann können Sie mit der Lösung und Bewältigung beginnen.

Es kann sein, dass Sie eine tiefgehende Psychotherapie brauchen, wenn die Blockaden Ihren Alltag maßgeblich beeinflussen und beeinträchtigen. Doch oft reichen schon kleine Übungen, um bereits eine große Verbesserung zu zeigen. In diesem Kapitel finden Sie zwei Übungen, die Sie in Ihrem Alltag wunderbar durchführen können, denn Sie benötigen weder viel Zeit noch eine besondere Ausrüstung. Was Sie jedoch stets bedenken müssen, wenn Sie daran arbeiten, Ihre Blockaden und Verhaltensweisen zu verarbeiten ist folgendes: Sie brauchen etwa 15 Minuten Zeit und müssen sich voll konzentrieren können. Wenn Sie nebenbei kochen, auf einen Anruf warten und die Nachrichten im Fernseher laufen, dann können Sie keine einschneidenden Ergebnisse erwarten.

Folgende Übung können Sie durchführen, wenn Sie sich akut in einer Situation befinden, in der Sie sich innerlich blockiert fühlen und nicht vorankommen. Im Voraus müssen Sie sich mit Ihren Blockaden jedoch bereits eingehend beschäftigt haben.

- Sie setzen sich bequem hin, sodass Sie in der Körperhaltung mehrere Minuten ausharren können. Gleichzeitig sollten Sie so sitzen, dass Sie weiterhin Körperspannung behalten und die Verbindung zwischen Ihrem Körper und Ihrem Gehirn nicht unterbrochen wird.

- Schließen Sie die Augen, wenn Sie sich dadurch besser konzentrieren können. Sie können Ihre Augen sonst auch geöffnet lassen. Nun denken Sie an das Thema, das Sie in diesem Augenblick blockiert.

- Sie merken, wie verschiedene Emotionen aufkommen. Wut, Angst, Schmerz, das sind alles Gefühle, die Sie nun überschwemmen können. Wichtig ist, dass Sie die Emotionen zunächst einmal zulassen. Blocken Sie sie nicht ab, haben Sie keine Angst davor, in Tränen auszubrechen oder vor Wut auf den Fußboden zu hauen.

- Im nächsten Schritt lokalisieren Sie die Gefühle innerhalb Ihres Körpers. Wir gehen grundsätzlich davon aus, dass wir mit dem Kopf denken und somit unser Gehirn das Zentrum unserer Emotionen ist. Doch sehr oft spiegeln sich unsere Gefühle in einem anderen Teil unseres Körpers wider. Wir spüren den Schmerz in der Brust oder auf den Lungen. Die Angst ballt sich in unserem Magen oder schnürt uns die Luftröhre zu. Das sind Beispiele, Sie können Ihre Gefühle auch an ganz anderen Stellen in Ihrem Körper spüren. Konzentrieren Sie sich auf Ihre Emotionen und folgen Sie Ihnen bis in ihr Epizentrum.

- Legen Sie nun Ihre flache Hand auf die Körperstelle, an welcher Sie die Emotionen lokalisieren konnten. Bleiben Sie ruhig sitzen. Wenn Ihnen Gedanken durch den Kopf gehen, dann nehmen Sie diese wahr, gehen ihnen aber nicht nach.

- Nach drei Minuten lenken Sie Ihre Aufmerksamkeit wieder vollständig auf Ihre Hand, dann wandern Sie unter die Hand in den Körperteil, in welchem die Emotionen bis jetzt noch getobt haben.

- Die negativen Gefühle werden nun immer schwächer und lassen nach. Der Sturm legt sich, Sie fühlen sich zwar noch nicht unbeschwert, doch die innere Unruhe hat deutlich nachgelassen.

- Jetzt beginnen Sie mit dem zweiten Abschnitt der Übung: der Lösung der Blockade.

- Sie lenken Ihre Gedanken erneut auf die Stelle, an der Ihre Hand liegt. Nun visualisieren Sie die Vorstellung, dass an dieser Stelle Wärme und Licht durch Ihren Handrücken, über die Handfläche in Ihren Körper strömen.

- Nun beginnen Sie damit, die Emotionen, auf die Sie keinen Einfluss zu haben schienen, in bewusste Gedanken und Gefühle umzuwandeln. Ihr Körper bestimmt Sie nicht, Sie leben im Einklang mit ihm und Sie haben großen Einfluss darauf, wie Sie sich fühlen wollen. Genau mit diesem Gedanken beschäftigen Sie sich nun: Wie wollen Sie sich fühlen, mit welchen Emotionen wollen Sie diesen Tag beschreiten? Sie müssen Ihre Gefühle nicht in Worte fassen, es genügt, wenn Sie sie spüren und sich mit ihnen auseinandersetzen.

- Nach einigen Minuten werden Sie merken, dass die negativen Emotionen nachlassen und positiven oder neutralen Gefühlen weichen. Sie können Ihre Hand nun von der Körperstelle nehmen, Ihre Schultern etwas kreisen lassen und nach zwei bis drei Minuten aufstehen.

Es handelt sich um eine Übung, die sehr machtvoll ist. Sie muss nicht analytisch vorgehen und versuchen, durch Argumente über die Blockade hinwegzukommen. Die meisten Blockaden werden in unserem Geist und unserem Körper nämlich nicht mit Gedanken, sondern mit Gefühlen verbunden. Aus diesem Grund ist die Übung so ausgelegt, dass Sie Ihren emotionalen Zustand innerhalb weniger Minuten verändert. Sie werden nach diesen 15 Minuten erschöpft sein, doch Sie können Ihren Tag weiterführen und neue Aufgaben in Angriff nehmen.

Es gibt auch andere Blockaden, bei denen Sie sich nicht unbedingt emotional aufgewühlt fühlen, sondern vielmehr merken, dass Sie bei einer Aufgabe nicht weiterkommen.

Sie sitzen beispielsweise an einer Hausarbeit für ein Seminar, die Stunden bis zur Abgabe vergehen wie im

Flug, doch umso länger Sie vor Ihrem Computer sitzen, desto mehr verlieren Sie den Überblick. Sie haben Angst, kostbare Zeit zu verlieren, doch in einem solchen Moment ist das beste, was Sie machen können, einige Minuten Abstand von Ihrer Aufgabe zu gewinnen.

Stehen Sie auf, strecken Sie sich, machen Sie sich einen frischen Tee oder Kaffee, spielen Sie zehn Minuten mit Ihrem Hund oder gehen Sie 20 Minuten spazieren. Auf diese Weise geben Sie Ihrem Gehirn die Möglichkeit, kurz abzuschalten und über andere Dinge nachzudenken. Wenn Sie sich dann wieder an Ihren Schreibtisch setzen, haben Sie Abstand und können Ihre Aufgabe ganz anders angehen.

Aufgabenteil

1. Welche Erlebnisse aus Ihrer Kindheit und Jugend haben dazu geführt, dass Sie eine Blockade entwickeln?

2. Fragen Sie andere Familienmitglieder oder Freunde, die bei diesen Erlebnissen anwesend waren, nach deren Erinnerungen und Einschätzung.

3. Können Sie einige Erinnerungen nach einem Vergleich mit den Erzählungen Ihrer Mitmenschen verändern und dadurch die Blockade lösen?

4. Wie äußern sich Ihre Blockaden? Welche Symptome haben Sie?

5. Welche Bewältigungsstrategie wenden Sie an und welche Beobachtungen konnten Sie machen?

SELBSTBEWUSSTSEIN

Warum haben Menschen ein geringes oder hohes Selbstbewusstsein?

Es gibt verschiedene Arten von Selbstbewusstsein, in diesem Kapitel werden wir jedoch das Individuum näher betrachten und herausfinden, warum einige Menschen ein großes Selbstbewusstsein haben, während andere mit starken Selbstzweifeln kämpfen müssen.

Wir verbringen viel Zeit damit, uns selbst und unsere Mitmenschen zu beobachten. Dabei vergleichen wir uns auch automatisch. Was wir aber unbedacht lassen ist, dass eine bestimmte Leistung, Aussehen, Körpergröße und Kompetenzen oft sehr punktuell sind.

Ein niedriges Selbstbewusstsein entsteht, wenn eine Person ihre Leistung mit der einer anderen vergleicht und dabei feststellt, dass sie in einem direkten Vergleich schlechter abschneidet. Dabei bedenkt die betroffene Person aber nicht, dass es sich bei dieser Leistung nur um einen Bruchteil der Persönlichkeit handelt. Lassen Sie uns diesen Gedankengang an einem Beispiel verdeutlichen:

Frau K. scrollt durch ihren Social-Media-Kanal und schaut sich dabei das Foto eines Models an. Erst findet sie das Foto einfach nur schön, doch dann beginnt sie mit den Vergleichen. Das Model ist so groß und schlank, es hat wunderschöne Kleider und lebt ein Leben voller Abenteuer und Fotoshootings. Sie fängt an, sich mit dieser Frau zu vergleichen, sie selbst ist deutlich kleiner und wiegt mehr, schöne Kleider trägt sie im Alltag nie und ihr Bürojob scheint neben dem aufregenden Modelleben grau und langweilig zu sein. Ihr Selbstbewusstsein nimmt ab, sie fühlt sich schlechter als vorher und ärgert sich schließlich darüber, dieses Foto überhaupt angesehen zu haben.

Eine Person mit einem hohen Selbstbewusstsein lässt sich von einem Foto nicht blenden. Sie ruht in sich, ist sich ihrer Leistungen und ihres Wertes bewusst und stellt keine voreiligen Vergleiche auf.

Unser Selbstbewusstsein formt sich bereits während unserer Kindheit, passt sich dann aber über unser gesamtes Leben hinweg weiter an. Als Kinder verbringen wir sehr viel Zeit mit unseren Bezugspersonen. Von ihnen schauen wir uns verschiedene Verhaltensmuster und sie sind es auch, die unser Selbstwertgefühl und Selbstbewusstsein maßgeblich beeinflussen. Dies geschieht durch den direkten Umgang, sowie durch die Beobachtung. Wenn ein Kind von seinen Eltern respektiert, gelobt und geliebt wird, dann lernt es bereits in einem sehr frühen Alter, dass es einen großen Wert hat. Dies ist der direkte Einfluss unserer Eltern und Großeltern. Selbstverständlich sollte hierbei auf ein gesundes Gleichgewicht geachtet werden, sonst kann es passieren, dass ein Kind narzisstische Züge entwickelt.

Der indirekte Einfluss entsteht durch die Beobachtung unserer Mitmenschen. Wenn wir erkennen können, dass sich unsere Eltern selbst wertschätzen, dass sie sich lieben und auf ihre Gesundheit achten, dann halten wir dies für selbstverständlich.

Können wir im Kindesalter nicht beobachten, dass sich unsere Mutter auch mal eine Auszeit gönnt, dass sie sich pflegt und sich ihres Wertes bewusst ist, dann lernen wir dieses Verständnis nicht. Für unseren Vater und alle anderen nahestehenden Mitmenschen gilt selbstverständlich dasselbe. Wenn wir in unserer Kindheit von Menschen, die uns nahestehen, stetig und oft grundlos negativ bewertet und abschätzig behandelt werden, dann schädigt dies den Aufbau unseres Selbstbewusstseins.

Spätere Ereignisse in der Gesellschaft und mit anderen Mitmenschen festigen unser Selbstbild und unser Selbstwertgefühl. Dies kann sowohl in eine negative als auch in eine positive Richtung gehen.

Welche Faktoren haben im Alltag Einfluss auf das Selbstbewusstsein?

Wenn wir uns bereits im Erwachsenenalter befinden und versuchen, unser Leben zu bestreiten, dann stehen wir täglich vor Herausforderungen und Eindrücken, die unser Selbstwertgefühl steigern oder mindern können. In diesem Kapitel werden wir uns diesen Faktoren widmen und der Frage auf den Grund gehen, wie sich negative Einflüsse vermeiden lassen.

- Beruf: In der Gesellschaft gibt es Berufe, die höher angesehen werden als andere. Viele Menschen versuchen, einen solchen Beruf zu erlernen. Nicht, weil er ihre Bestimmung ist und sie sich wohlfühlen, sondern weil sie ihren Mitmenschen etwas beweisen möchten und durch das gesellschaftliche Ansehen ihr eigenes Selbstbewusstsein pushen wollen. Dabei machen sie sich selbst kaputt, denn sie verbringen sehr viele Stunden des Tages damit, sich zu verbiegen, anderen Menschen gefallen zu wollen und Entscheidungen zu treffen, die sie nicht glücklich machen. Doch erfolgreich im Leben zu sein, das bedeutet nicht unbedingt, einen gesellschaftlich hoch angesehenen Job auszuüben. Jemand, der seine Zeit am Arbeitsplatz genießt, der sich produktiv fühlt und merkt, dass er etwas in der Welt bewegt, der ist weitaus erfolgreicher als jemand, der viel Geld verdient, unglücklich ist und keine Freizeit hat, in welcher er sein Geld ausgeben könnte.

- Beziehungen: Wenn wir uns in einer Liebesbeziehung befinden, dann beginnen wir bereits nach kurzer Zeit damit, uns über den Partner zu definieren. Wenn die Beziehung gut läuft, dann hebt sich unser Selbstbewusstsein, scheitert die Beziehung, so haben wir versagt. Es fällt uns weitaus leichter, bei uns selbst die Fehler zu suchen und zu denken, wir seien zu schlecht für die andere Person gewesen. Dies deckt sich mit unserem Gefühl, nicht gut genug zu sein, nicht gut genug auszusehen, nicht genug zu leisten. Doch Beziehungen scheitern in den meisten Fällen nicht, weil der eine Mensch zu gut und der andere zu schlecht war, sondern weil die beiden Personen nicht mehr zusammenpassen oder dies vielleicht auch nie taten. Um eine Beziehung lange führen zu können, müssen viele Faktoren übereinstimmen und es müssen zahlreiche Kompromisse eingegangen werden. Der Gedankengang, als Person nichts wert zu sein, weil man keinen Partner an sich binden kann, ist deshalb ein vollkommen falscher. Erst wenn man sich selbst wertschätzt und sich liebt, dann kann auch ein anderer Mensch in der Lage sein, diese Liebe zu spüren. Selbstwertgefühl ist ein gesunder Schutzmechanismus, denn wer sich selbst respektiert, der wird auch von seinen Mitmenschen respektiert.

- Gewicht und Größe: Auf unsere Körpergröße haben wir keinen Einfluss, auf unser Körpergewicht schon, trotzdem hat jeder Mensch eine natürliche Veranlagung, die ihn begleitet. Wir werden täglich mit Idealvorstellungen konfrontiert. Sei es im Fernsehen, auf diversen Social-Media-Kanälen oder im wahren Leben. Menschen, die etwas mehr Gewicht auf den Rippen haben, werden von vielen Menschen unterbewusst als weniger attraktiv wahrgenommen. Doch es handelt sich hierbei um ein Bild, welches uns durch die Marketingindustrie vermittelt wird. Schlanke Menschen haben ihr Leben im Griff, sind sportlich und aktiv, bearbeiten ihre Aufgaben sehr kompetent und sind deshalb erfolgreicher. Doch stimmt das wirklich? Kaum einer hinterfragt die Meinung der Medien, doch es ist an der Zeit, genau dies zu tun. Zunächst einmal muss festgehalten werden, dass es im Laufe der Zeit unterschiedliche Schönheitsideale gab. Nach dem Krieg war eine Frau, die heute als dick gelten würde, perfekt. Sie strahlte Gesundheit aus, war fortpflanzungsfähig und deshalb aus biologischer Sicht sehr attraktiv. Auch bei der Betrachtung anderer Kulturen fällt auf, dass sich die Schönheitsideale der westlichen Welt beispielsweise stark von afrikanischen oder lateinamerikanischen Schönheitsmerkmalen unterscheiden. Außerdem können Sie einmal probieren, die äußerlichen Makel Ihrer Mitmenschen zu beobachten und aufzuschreiben. Anschließend beschäftigen Sie sich damit, welche Wirkung diese äußerlichen Merkmale auf Sie haben. Sie werden feststellen, dass es diese Eigenschaften sind, die Ihren Mitmenschen Persönlichkeit und Charakter schenken. Wenn Sie andere nicht negativ betrachten, nur weil ihr Aussehen nicht den Schönheitsidealen der Gesellschaft entspricht, warum sollten Sie diesen Gedankengang und diese negative Bewertung dann über sich selbst zulassen?

- Scheitern: Wenn Sie einen lang gehegten Wunsch in die Tat umsetzen und dabei scheitern, dann kann das stark an Ihrem Selbstbewusstsein nagen. Doch scheitern ist eigentlich etwas ganz Natürliches. Wie oft muss ein Kleinkind aufstehen und hinfallen, bis es endlich seine ersten Schritte gehen kann? Ebenso verhält es sich mit allen Dingen im Leben. Es kann sein, dass Ihr Traum gleich beim ersten Versuch in Erfüllung geht, doch viel wahrscheinlicher ist, dass Sie mehrere Anläufe brauchen, bis Sie Ihren Weg finden. Wichtig ist, dass Sie Ihre Dinge mit Herzblut und Leidenschaft planen, denn dann haben Sie die notwendige Überzeugung, um Ihren Traum schließlich zu verwirklichen.

- Wie Sie sehen, werden Sie in Ihrem Alltag immer wieder Situationen begegnen, die Ihr Selbstbewusstsein beeinflussen können. Einige von Ihnen sind selbstverschuldet, auf andere haben Sie keinen Einfluss. Aus diesem Grund ist es besonders wichtig, dass Sie den Umgang mit solchen Situationen erlernen.

Wie kann man das Selbstbewusstsein steigern?

Wenn Sie merken, dass Sie ein niedriges Selbstbewusstsein haben und dass Sie dieses in Ihrem Alltag behindert, weil Sie Ihr Potenzial nicht ausschöpfen können, dann sollten Sie damit beginnen, Ihr Selbstbewusstsein neu aufzubauen.

Am Anfang dieses Prozesses steht die Erkenntnis, dass Ihr Selbstbewusstsein auf Ihrem Selbstwertgefühl basiert und somit aus Ihrem Inneren kommen muss und nicht auf den Kommentaren oder Bewertungen Ihrer Mitmenschen beruht.

Diese Erkenntnis beruht auf dem Ansatz, dass Sie weitaus glücklicher werden, wenn Sie ein selbstbestimmtes Leben führen. Tun Sie das Gegenteil, dann geben Sie die Zügel ab und machen sich von den Einflüssen durch Ihre Mitmenschen abhängig. Doch auf Ihr soziales Umfeld haben Sie kaum Einfluss. Sie können nicht vorhersehen, wie Ihre Mitmenschen auf Sie reagieren werden. Aus diesem Grund ist es sehr hilfreich, wenn Sie sich von der Meinung und den Kommentaren der anderen Menschen loslösen. Wenn Sie Ihre Kraft aus Ihnen heraus gewinnen, dann kann Ihnen diese auch niemand nehmen.

In diesem Sinne gibt es einige Gedankengänge und Tipps, die Sie mental durcharbeiten können, um Ihr Selbstbewusstsein zu stärken.

- Realistische Ziele sorgen für persönliche Erfolgserlebnisse: Hören Sie auf, sich mit anderen Menschen zu vergleichen und bewerten Sie sich stattdessen im Vergleich zu sich selbst. Welche Eigenschaften haben Sie, die Sie an sich stören? Stecken Sie sich realistische Ziele, wie Sie Ihr Leben in die Hand nehmen möchten und welche Veränderungen Sie herbeiführen möchten. Diese können Sie schriftlich festhalten, um einen konkreten Plan aufzustellen, wie Sie Ihre Ziele erreichen möchten. In regelmäßigen Abständen überprüfen Sie, inwiefern Sie sich schon verändert haben und welche Punkte auf Ihrer Liste noch nicht abgehakt werden können. Auf diese Weise führen Sie positive Veränderungen herbei und können Vergleiche zu einer Person aufstellen, über die Sie tatsächlich sehr viel wissen: sich selbst.

- Selbstbestimmt leben bedeutet, Dinge zu ändern, die einem nicht gefallen: Viele Menschen beneiden andere Personen um deren Leben, ändern aber nichts an ihrem Eigenen. Es ist wichtig, die Dinge beim Namen zu nennen, sie konkret zu verbalisieren. Wir sehen hinter dem Leben eines Mitmenschen vielleicht dessen Geld und Status, wollen aber nicht analysieren, wie viel Arbeit hinter diesem glamourös erscheinenden Lebensstil steckt und mit wie vielen Herausforderungen und Problemen diese Person zu kämpfen hat. Wir möchten die positiven Seiten beneiden, ohne aber die Schattenseiten sehen zu wollen. Wer ein selbstbestimmtes Leben führt, der ändert die Dinge in seinem Leben, mit denen er nicht zufrieden ist. Sie beneiden den Job eines Mitmenschen und den Lebensstil, den er sich leisten kann? Dann analysieren Sie, welche einzelnen Schritte notwendig wären, damit Sie an einen solchen Job gelangen! Was anfangs wie eine große Mauer wirkt, ist in seinen Einzelschritten weitaus weniger beängstigend. Nehmen Sie Ihr Leben selbst in die Hand. Wenn Sie sich selbst zu dick finden und mit Ihrem Gewicht nicht zufrieden sind, dann machen Sie Sport und stellen Sie Ihre Ernährung um. Wenn Sie in Ihrer Beziehung nicht zufrieden sind, dann arbeiten Sie an diesem Problem! Wenn Sie selbst nicht für Ihr eigenes Glück einstehen und sich durchsetzen, um ein Leben zu führen, dass Ihnen gefällt, dann wird dies auch niemand anderes für Sie übernehmen. Wenn Sie dabei feststellen, dass eine Person aus Ihrem Umfeld zwar einen Job hat, bei dem sie viel Geld verdient, diese Position aber auch mit viel Verantwortung und Stress verbunden ist, dann können Sie sich selbst überlegen, ob Sie diesen Weg gehen möchten, ob das Geld für den Aufwand entschädigt. Wenn Sie feststellen, dass dem nicht so ist, dann müssen Sie auch keinen Neid mehr verspüren, sondern können Ihren eigenen Lebensstil in vollen Zügen ausleben.

- Selbstliebe und Selbstbewusstsein kommen von innen: Viele Menschen machen den Fehler, sich über ihren Partner, über ihre Arbeit oder andere Dinge zu definieren. Dabei sagt eine Beziehung oder ein Arbeitsplatz nichts darüber aus, welche Qualität man als Mensch hat. Selbstliebe und ein gesundes Selbstwertgefühl sollten etwas Natürliches sein, etwas, das nicht an Ergebnisse, Bewertungen und äußere Einflüsse gekoppelt ist. Wenn Sie scheitern, dann macht Sie dies nicht zu einem Versager, denn Sie stehen einfach auf und versuchen es erneut. Nicht jeder Mensch geht den gleichen Weg, doch Ihr Weg macht Sie zu dem Menschen der Sie sind. Wählen Sie Ihre Schritte deshalb bedacht und aus eigener Überzeugung heraus.

- Selbstwertgefühl und Selbstbewusstsein steigen, wenn Sie hinter Ihren Projekten und Entscheidungen stehen: Oft wollen wir unseren Mitmenschen gefallen. Wir möchten Lob, wir möchten sie beeindrucken und ihnen beweisen, wie toll wir sind. Doch eigentlich müssen wir nur uns selbst beweisen, wie einzigartig wir sind. Wenn wir nicht hinter unseren Entscheidungen stehen, sondern diese treffen, um die Erwartungen anderer zu erfüllen, dann können wir dabei nur auf die Nase fallen. Wenn die andere Person erfreut ist und uns lobt, bleiben wir trotzdem mit einem bitteren Beigeschmack zurück. Und sehr oft passiert es auch, dass wir die Wünsche und Erwartungen unserer Mitmenschen falsch einschätzen. Dann haben wir weder uns selbst noch den anderen mit Stolz erfüllt. Selbstverständlich sollte stets rücksichtsvoll mit der Umwelt umgegangen werden. Wir sollten keine Entscheidungen treffen, mit denen wir anderen Menschen in unserem Leben absichtlich Schaden zufügen. Doch wenn wir unsere Wünsche klar formulieren, den Weg zum Erreichen unserer Ziele aufzeichnen und hinter unseren Entscheidungen stehen, dann haben wir nicht das Gefühl, uns vor anderen rechtfertigen zu müssen.

- Vergleiche sind oft schädlich: Wir haben diesen Gedankengang bereits im vorigen Kapitel begonnen. Frau K. verglich sich dort mit einem Model, welches auf einem Foto auf ihrem Social-Media-Kanal angezeigt wurde. Der Vergleich sorgte dafür, dass sie sich selbst kleiner, dicker und langweiliger fühlte. Doch abgesehen davon, dass äußere Merkmale nichts über unseren Selbstwert aussagen, sind solche Vergleiche sinnlos, denn sie beruhen nicht auf der Wahrheit. Was uns auf einem Foto suggeriert wird, ist nicht das Spiegelbild der Wirklichkeit. Es handelt sich um eine inszenierte Situation, in Pose gesetzt, bearbeitet und aus dem Kontext geschnitten. Und so verhält es sich mit fast allen Vergleichen, die wir zwischen uns selbst und anderen Menschen aufstellen. Wir schließen von einem Ausschnitt auf ein imaginäres Gesamtbild. Bleiben wir einmal bei Frau K. und dem Model. Frau K stellt sich vor, wie glücklich dieses Model ist, wie glamourös sein Lebensstil und wie erfüllt ihr Liebesleben. Nun stellt sie einen Vergleich auf, zwischen ihrer Realität, die sie selbst sehr kritisch betrachtet, und diesem Model, über dessen Leben Frau K. aber keine Informationen hat, außer diesem kurzen Einblick, diesem Foto in leuchtenden Farben, mit einem wunderschönen Kleid an einem sonnigen Strand. Dieser Vergleich kann nicht real sein, denn er basiert auf einer imaginären Wunschvorstellung über das Leben der anderen Person. Ebenso verhält es sich mit Vergleichen zu Menschen, die wir privat kennen.

Aufgabenteil

Legen Sie ein Tagebuch oder ein Heft an, in dem Sie Ihre persönlichen Ziele notieren. Achten Sie darauf, möglichst detailliert vorzugehen: Bis wann möchten Sie Ihre Ziele erreichen? In welchen Abständen werden Sie Ihre Zwischenergebnisse überprüfen, Erfolge notieren und notwendige Änderungen vornehmen?

MENSCHEN LESEN UND VERSTEHEN

Verbale und nonverbale Kommunikation

Jedes Lebewesen macht sich seine Gedanken und trifft Entscheidungen, die auf seinen Überzeugungen beruhen. Menschen ebenso wie Tiere. Wenn ein Lebewesen seine Gedanken und Erfahrungen mit anderen austauscht, dann kommt er zur Kommunikation. Diese kann auf unterschiedlichste Weise erfolgen, die grobe Einteilung erfolgt jedoch in verbale und nonverbale Kommunikation. Von verbaler Kommunikation ist die Rede, wenn der Austausch durch Laute, beim Menschen vor allem durch Wörter, stattfindet. Nonverbale Kommunikation beschreibt die Körpersprache, Körperhaltung und andere Faktoren, die bei kommunikativen Prozessen eine große Rolle spielen. Tiere kommunizieren auch, doch in diesem

Kapitel wollen wir näher auf die verbale und nonverbale Kommunikation zwischen Menschen eingehen.

Da jeder Mensch ein Individuum ist, welches eine einzigartige Wahrnehmung hat, muss die Kommunikation oft große Hürden überwinden. Es kommt zu Missverständnissen und Konflikten.

Außerdem können wir unsere Mitmenschen mit Hilfe kommunikativer Mittel gezielt beeinflussen. Die Art und Weise, wie wir etwas sagen, hat großen Einfluss auf das Bild, das wir von uns vermitteln. Wenn wir auf natürliche Weise kommunizieren, dann spiegeln wir damit unsere Emotionen und Gedanken wider. Setzen wir die Kommunikation gezielt ein, dann können wir den Eindruck, den wir auf unsere Mitmenschen machen, manipulieren.

In diesem Kapitel beschäftigen wir uns damit, wie die Kommunikation zwischen zwei oder mehr Menschen funktioniert und wie Sie sie zu Ihren Gunsten verwenden können. Letzteres hilft besonders bei Vorstellungsgesprächen, Vorträgen und anderen Situationen, in denen wir bei unserem Gesprächspartner ein bestimmtes Bild vermitteln möchten.

Während des Kommunikationsprozesses zwischen zwei Menschen werden Informationen ausgetauscht. Doch was sind das für Informationen? Es handelt sich hauptsächlich um unsere Erfahrungen, die wir austauschen möchten, um Wissen, welches wir vermitteln möchten und um Erkenntnisse, die wir gewonnen haben. Doch wir wollen auch unsere Empathie bekunden und unserem Gegenüber somit deutlich machen, dass wir auf die von ihm übermittelten Informationen eingehen. Unser Ziel ist während des Gesprächs, dass unser Gesprächspartner unsere eigenen Gedanken verstehen kann. Ob es sie auch teilt oder ob es zu einer Diskussion kommt, dass steht zunächst einmal nicht im Vordergrund. Der Kommunikationsverlauf ist folgendermaßen aufgebaut. Die Kommunikation verläuft verbal und nonverbal. Die Reaktion des Gesprächspartners fällt positiv oder negativ aus. Die Reaktion entscheidet, beeinflusst durch die Beziehung der beiden Gesprächspartner zueinander, über das Gefühl von Sympathie oder Abneigung, welches vermittelt wird.

- Verbale Kommunikation: Sie umfasst alle kommunikativen Mittel, die sich der Schrift oder verschiedener Laute bemächtigen. Damit ein Austausch stattfinden kann, müssen zwei Parteien an einem Gespräch teilnehmen. Der Sender spricht eine Botschaft aus, der Empfänger hört diese und verarbeitet die Informationen. Während eines Gesprächs wechseln die Rollen des Senders und des Sprechers, nur so ist ein wirklicher Austausch möglich. Während eines kommunikativen Prozesses gibt es verschiedene Ebenen. Die Inhaltsebene umfasst die Informationen, die Fakten, die verbal kommuniziert werden. Die Beziehungsebene spielt jedoch ebenfalls eine wichtige Rolle. In ihr wird widergespiegelt, in welchem Verhältnis die beiden Gesprächsteilnehmer zueinanderstehen. Auf dieser Ebene werden die Emotionen vermittelt.

Die verbale Kommunikation umfasst die Tonlage, das Sprechtempo, die Sprechweise und die Lautstärke, sowie Schrift. Auch wenn der Inhalt unserer Worte, sowie unsere Tonlage und Sprechweise zunächst einmal einen großen Einfluss auf eine Konversation zu haben scheinen, ist die nonverbale Kommunikation weitaus ausschlaggebender. Die verbale Kommunikation bestimmt lediglich 10 Prozent eines Gesprächs.

Nur weil wir etwas sagen, bedeutet das noch lange nicht, dass es von unserem Gesprächspartner auch genauso aufgefasst und verstanden wird. Wir können das Risiko eines Missverständnisses etwas mindern, indem wir unsere Worte überlegt wählen. In diesem Zusammenhang kommt der Begriff der Rhetorik ins Spiel. Es handelt sich hierbei um sprachliche Mittel, die unsere Nachricht unterstreichen und unsere Absichten hervorheben können. Es spielt hierbei eine große Rolle, welchen Zweck die Kommunikation erfüllen soll. Befinden wir uns in einem Vorstellungsgespräch, möchten wir einen Freund überzeugen oder müssen wir einen Vortrag vor fremden Menschen halten? Je nachdem, in welcher Situation wir uns befinden, werden wir auch die sprachlichen Mittel der Rhetorik ausschöpfen, um unser Anliegen zu untermauern. Hierbei verwenden wir beispielsweise rhetorische Fragen oder beschreiben unsere Gedanken bildlich. Nur weil die verbale Kommunikation lediglich 10 Prozent der gesamten Kommunikation einnimmt heißt dies nicht, dass man sie vernachlässigen kann.

- Nonverbale Kommunikation: Wenn wir die nonverbale Kommunikation betrachten, dann fällt auf, dass ein Nicht-Kommunizieren eigentlich so gut wie unmöglich ist. Denn selbst wenn wir in einer Ecke des Raumes stehen und uns an keinem Gespräch aktiv beteiligen, dann senden wir dadurch trotzdem Signale an unsere Mitmenschen aus. Die nonverbale Kommunikation umfasst Berührungen und Körperhaltung, sowie Mimik und Gestik. Doch auch Gegenstände können Teil der nonverbalen Kommunikation sein. Beispielsweise Kleidung oder Schmuck. Sie senden zwar keine direkte Nachricht an eine konkrete Person, vermitteln jedoch dem gesamten sozialen Umfeld ein bestimmtes Bild. Die nonverbale Kommunikation kann genutzt werden, um innerhalb kurzer Zeit eine Verbindung zu dem Gesprächspartner aufzubauen. Wenn Sie Ihre Körperhaltung und Ihre Gesten denen Ihres Gegenübers anpassen, dann wird sich die Person mit Ihnen identifizieren können. Die Stimmung steigt, denn es wird Sympathie aufgebaut. Wenn wir die nonverbale Kommunikation nicht gezielt einsetzen, dann strahlen wir zwar sehr realistische Eindrücke auf unsere Umwelt aus. Es kann aber passieren, dass sich das entstehende Bild nicht mit dem deckt, das wir eigentlich vermitteln wollten. Andererseits eignen sich die Mittel der nonverbalen Kommunikation auch wunderbar, um einen Eindruck zu manipulieren, dann nämlich, wenn wir sie sehr gezielt einsetzen. Dieses Phänomen begegnet uns auch im Alltag. Wenn wir zu einem Vorstellungsgespräch gehen, dann möchten wir bei unserem potenziellen Vorgesetzten einen guten Eindruck hinterlassen, der auf unsere Professionalität hindeutet. Gleichzeitig wollen wir bodenständig wirken, um Sympathie zu erzeugen. Dementsprechend werden wir uns auch kleiden, Schmuck anlegen oder Makeup auftragen.

In den meisten Fällen werden wir die nonverbale Kommunikation einsetzen, um die Gedanken, die wir mit unserer verbalen Kommunikation weitergeben möchten, zu unterstreichen. Passen verbale und nonverbale Kommunikation nicht zusammen, so verwirren wir unseren Gesprächspartner. Es werden gemischte Signale gesendet, unser Gegenüber weiß dann nicht, worauf es sich konzentrieren soll und welcher Nachricht es vertrauen sollte. Aus diesem Grund ist es sehr wichtig, beide Kommunikationsformen aufeinander abzustimmen.

Kommunikation in einem Vorstellungsgespräch

Die meisten von uns haben sich bereits mindestens einmal in ihrem Leben in dieser Situation befunden, viele haben sich später gewünscht, vieles anders gemacht zu haben. Damit Sie bei Ihrem nächsten Vorstellungsgespräch erfolgreich sind, gebe ich Ihnen in diesem Kapitel einige hilfreiche Tipps mit auf den Weg. Besonders wichtig ist im Rahmen des Bewerbungsgesprächs, dass keine Missverständnisse auftreten, die verhindert werden könnten.

Mit jeder Aussage übermitteln wir unserem Gesprächspartner insgesamt vier verschiedene Ebenen:

- Die Sachinformation bezieht sich auf den Gegenstand des Gesprächs. Es handelt sich allein um den faktischen Inhalt der Informationen, die von dem Sender an den Empfänger weitergegeben werden. Innerhalb des Vorstellungsgesprächs behandelt diese Ebene das Fachwissen und die fachliche Kompetenz, die Sie an den Tag legen. Ihr Gegenüber wird merken, ob Sie die notwendigen Kompetenzen besitzen oder nicht. In einem Bewerbungsgespräch geht es genau darum, dass

Ihr Fachwissen geprüft wird. Wenn Sie ausführliche Antworten geben, in denen Sie den roten Faden nicht verlieren, dann machen Sie einen guten Eindruck auf Ihr Gegenüber. Präzision ist gefragt, denn wenn Sie wage um einen Inhalt herumsprechen, dann vermutet Ihr Gesprächspartner, dass Sie nicht über das notwendige Knowhow verfügen. Doch auch andere Aspekte spielen eine große Rolle.

- Sie geben etwas über sich selbst preis, ob bewusst oder unbewusst. Oft sind es die Gesten, die Mimik oder die Körpersprache, die Ihrem Gegenüber wichtige Details über Sie verraten. Wenn Sie beispielsweise inhaltlich kompetent argumentieren, gleichzeitig aber nervös ihre Hände zwischen Ihren Oberschenkeln verstecken, dann geben Sie Ihrem Gesprächspartner zu verstehen, dass Sie sich zwar auskennen, sich in der augenblicklichen Gesprächssituation jedoch ungemein unbehaglich fühlen. In Ihrem Bewerbungsgespräch sollten Sie nicht nur inhaltlich souverän auftreten, Ihre fachliche Kompetenz sollte sich auch mit Ihren nonverbalen Kommunikationssignalen decken.

- Sie betonen, welche Beziehung Sie zu Ihrem Gegenüber haben. In einem Vorstellungsgespräch ist die Rollenverteilung sehr klar. Sie sind hierarchisch untergeordnet und müssen sich vor

Ihrem potenziellen Chef beweisen. Gleichzeitig sind Sie jedoch nicht unterwürfig, denn Sie sind sich Ihrer Aufgabe und Ihres Wertes bewusst. Bei Ihrem Gesprächspartner muss ein Eindruck entstehen, der sich in einem Gleichgewicht hält.

- Der Apell erfolgt immer, auch wenn er sich manchmal eher im Hintergrund befindet und in anderen Momenten in den Vordergrund drängt. Während eines Vorstellungsgesprächs schwingt unterschwellig der Apell „Bitte stellen Sie mich ein“ mit, auch wenn Sie diesen Satz nicht unbedingt wortwörtlich in das Gespräch einbringen sollten. Auch von Ihrem Gegenüber geht ein Apell aus, nämlich der, dass Sie sich bitte mit all Ihren Stärken präsentieren sollen.

Auf allen vier Ebenen kann es passieren, dass Sie widersprüchliche Signale an Ihren Gesprächspartner senden oder aber unbewusst sogar einen ganz falschen Eindruck erwecken. Doch wie können Sie das vermeiden und was sollten Sie während der Vorbereitungsphase auf ein Vorstellungsgespräch unbedingt tun, damit Sie dieses erfolgreich hinter sich bringen können?

- Sachebene: Zunächst einmal sollten Sie sich selbstverständlich nur auf eine Arbeitsstelle bewerben, wenn Sie die notwendigen Kompetenzen mitbringen. Über einen langen Zeitraum hinweg können Sie eine Täuschung nicht aufrechterhalten und es wird umso peinlicher, wenn Sie später von einem Arbeitskollegen oder Ihrem Chef aufgedeckt werden. Trotzdem sollten Sie sich in der Vorbereitungsphase auf das Vorstellungsgespräch noch einmal mit den Kompetenzen und den Inhalten beschäftigen, die für das Unternehmen relevant sind, bei welchem Sie sich bewerben wollen. Wichtig ist dabei auch, dass Sie alle Informationen in ihren Kontext einbetten können. In vielen Bewerbungsgesprächen fragt der potenzielle Chef nach einem praktischen Beispiel für die Informationen, die Sie darlegen. Es kann auch sein, dass Sie von Ihrem Gesprächspartner eine Aufgabe gestellt bekommen. Meist geht es in dieser nicht um die Genauigkeit von Daten oder Berechnungen, sondern um den logischen Denkansatz, mit welchem Sie sich an das Lösen der Aufgabe machen.

- Beziehungsebene: Diese befasst sich mit dem Verhältnis zwischen Ihnen und Ihrem Gesprächspartner. Wie bereits erklärt, ist die Hierarchie in einem Vorstellungsgespräch festgelegt. Wenn Sie sich zu sehr darauf versteifen, dass die Person, die vor Ihnen sitzt, über Ihren beruflichen Erfolg entscheiden wird, dann wird die Stimmung während des Gesprächs sehr angespannt sein. Gleichzeitig dürfen Sie sich aber auch nicht überheblich zeigen, weshalb es sehr wichtig ist, dass Sie auf Ihre Körpersprache und Ihren Tonfall achten. Setzen Sie sich am besten aufrecht, aber locker hin. Sie können ein Bein überschlagen, sollten aber nicht Ihre Hände zwischen den Beinen verstecken oder sich gar auf sie setzen, denn das vermittelt Unsicherheit. Gleichzeitig sollten Sie Ihre Arme auch nicht hinter Ihrem Kopf verschränken, denn das signalisiert Arroganz und Überheblichkeit. Versuchen Sie, Ihre Hände möglichst geschickt in Ihre Unterhaltung einzubinden, indem Sie sie im Einklang mit Ihren Aussagen bewegen. Auf diese Weise wirken Sie lebhaft und überzeugt von den Inhalten, die Sie vermitteln.

- Selbstoffenbarungsebene: Sie möchten Ihrem Gegenüber während des Bewerbungsgesprächs zeigen, dass Sie es ernst meinen und dass Sie diesen Job wirklich wollen. Der erste Eindruck zählt, deshalb sollten Sie darauf achten, pünktlich zu sein. Außerdem ist es wichtig, dass Sie sich angemessen kleiden. Das bedeutet nicht immer, dass Sie in einem Anzug oder einem Bleistiftrock erscheinen müssen. Vielmehr müssen Sie sich mit dem Stellenangebot auseinandersetzen und analysieren, in welches Ambiente Sie sich an dem gewünschten Arbeitsplatz begeben. Sie können sich Hilfe von einer befreundeten Person holen, mit der

Sie die Situation durchspielen. Dabei können Sie sich etwas lockern, denn Ihr Freund wird keinen Druck auf Sie ausüben. Gleichzeitig können Sie dieses entspannte Ambiente nutzen, um sich Ihrer Stärken und Schwächen bewusst zu werden und bestimmte Gesten einzustudieren.

- Apell: Der Apell während eines Vorstellungsgespräches hängt das gesamte Gespräch über im Raum, auch wenn Sie ihn nicht aussprechen. Auf diese Ebene müssen Sie sich bei einem Bewerbungsgespräch deshalb nicht so stark fixieren.

Lassen Sie sich nicht zu stark einschüchtern. Ja, Sie werden in dem Bewerbungsgespräch einer Person gegenübersitzen, die darüber entscheidet, ob Sie den Job bekommen. Gleichzeitig sind Sie eine Person, die diesem Unternehmen einen sehr großen Mehrwert bringen wird. Sie betteln nicht um einen Arbeitsplatz, Sie verkaufen Ihre Kompetenzen. Es gibt deshalb keinen Grund, unsicher zu sein oder sich in eine unterwürfige Position zu begeben. Sie werden sich mit Ihrem potenziellen Chef auf einer informativen Ebene über viele interessante Themen austauschen können und wenn alles passt, dann haben Sie schon bald einen neuen Job.

MANIPULATION

Warum manipulieren Menschen?

Menschen manipulieren Situationen, andere Menschen oder Ereignisse, um ihre persönlichen Ziele zu erreichen. Da jeder von uns seine ganz individuellen Ziele hat, manipuliert auch jeder von uns. Wenn dabei keiner zu Schaden kommt, dann handelt es sich dabei jedoch nicht um eine negative Form der Manipulation. Sorgen wir aber dafür, dass wir unseren persönlichen Vorteil auf dem Nachteil eines Mitmenschen aufbauen, dass manipulieren wir auf eine negative Art und Weise.

Wir beginnen schon in einem frühen Alter damit, unsere Mitmenschen zu manipulieren. Dann nämlich, wenn wir als Baby die Nähe unserer Mutter möchten, Hunger haben oder Spielen wollen. Selbstverständlich kommt hierbei keiner zu Schaden, es wird deshalb nicht von einer negativen Manipulation gesprochen, trotzdem möchte das Kleinkind seinen Willen durchsetzen und an seine Ziele kommen. Dies schafft es meist, indem es weint, bezaubernd lächelt oder durch unerwünschtes Verhalten die Aufmerksamkeit seiner Mitmenschen auf sich zieht.

Später in unserem Leben werden wir in ganz alltäglichen Situationen mit unterschiedlichen Formen der Manipulation konfrontiert. Beispielsweise dann, wenn Ihr Chef an einem Freitagnachmittag in Ihr Büro kommt mit einem dringenden Auftrag, den Sie noch dieses Wochenende bearbeiten müssen. Unter normalen Umständen würden Sie sich dagegen sträuben, schließlich wollten Sie an diesem Wochenende einen Familienausflug machen. Doch weil Ihr Chef Ihnen den Auftrag mit den Worten: „Sie machen diese Arbeit einfach am besten, ich wüsste nicht, wem ich sonst vertrauen könnte!“ entgegenstreckt, fühlen Sie sich geschmeichelt und geehrt. Dass sich hinter diesem Lob Ihres Chefs auch eine Form der Manipulation verbirgt, das vermuten Sie in den ersten Sekunden sicherlich nicht.

Von einer Manipulation ist dann die Rede, wenn eine Person ihre Ziele erreichen möchte, dabei andere Menschen mit einbindet, ihr eigentliches Motiv aber versteckt hält. Wenn Sie mit einer Person Diskutieren und diese versuchen, durch Argumentation umzustimmen, dann ist dies keine Manipulation. Schließlich legen Sie Ihren Standpunkt und auch Ihre Absichten offen. Wenn Sie während der Diskussion allerdings auf falsche Daten und Informationen zurückgreifen, die ihre These untermauern sollen, dann manipulieren Sie Ihr Gegenüber, denn Sie wissen, dass die Person die Informationen nicht überprüfen kann.

Wer manipuliert oft?

Wir werden in unserem Alltag häufig manipuliert, in den verschiedensten Situationen. Der Übersicht halber wollen wir diese einmal in zwei Gruppen unterteilen.

Im öffentlichen Bereich manipulieren besonders Menschen und Institutionen, die etwas verkaufen wollen. Sie möchten eigentlich einen finanziellen Gewinn erzielen und diese Absicht ist auch jedem unterschwellig klar, sie wird allerdings nicht klar kommuniziert. Stattdessen wird in zahlreichen Kampagnen mit Produkten geworben, welche Falten entfernen sollen, angeblich zu Gewichtsverlust führen oder unvergleichlich schmecken. Unterstützt wird die Werbung von positiven Bewertungen von Käufern. Besonders im Internet kann aber immer wieder aufgedeckt werden, dass die Bewertungen und die Sternevergabe von den Unternehmen manipuliert wurden. Wichtig ist, welcher Eindruck beim potenziellen Konsumenten entsteht. Die Personen, die hinter diesen Werbekampagnen sitzen, möchten bei dem potenziellen Käufer ein Bedürfnis erschaffen. Das tun sie, indem sie auf Schwachstellen ansprechen, die in der Gesellschaft als verwerflich angesehen werden. Plötzlich möchte jemand ein teures, neues Auto kaufen, weil die Automarke bei ihm das Bedürfnis nach Exklusivität geschaffen hat. Er möchte einzigartig sein und einen Status vermitteln. Ähnlich verhält es sich mit Produkten der Pflegebranche, der Lebensmittelindustrie, sowie der Klamottenindustrie. Es geht einem Unternehmen nicht in erster Linie darum, dass Sie die Fältchen um Ihre Augen loswerden, das Unternehmen möchte einen möglichst großen Absatz verzeichnen.

Auch Politiker verstecken ihre wahren Absichten oft. Sie bewerben dann, welche Änderungen sie in der Politik einleiten möchten. Die potenziellen Wähler werden gewonnen, weil der Politiker oder seine Partei angeblich ihre Interessen vertreten werden und sich für ihre Rechte einsetzen werden. Doch den meisten Politikern geht es nicht hauptsächlich um die Vorteile ihrer Wähler. Sie möchten eine Machtposition einnehmen und ihre persönlichen Ziele vorantreiben. In ihren Reden benutzen sie häufig rhetorische Mittel, die plakativ und polarisierend sind, deren Richtigkeit aber nicht immer überprüft werden kann.

Darüber hinaus rücken immer wieder Organisationen in das Auge der Öffentlichkeit, die mit gemeinnütziger Arbeit werben. Sie ergaunern sich auf diese Weise Zahlungen von Menschen in wirtschaftlich stabilen Ländern und geben vor, diese Gelder an arme Personen in Kriegsgebieten weiterzuleiten. Es gibt selbstverständlich auch Organisationen, die dies wirklich tun, doch in den vergangenen Jahren sind auch zahlreiche Betrüger aufgedeckt worden, welche die Spenden veruntreuten und anderweitig investierten.

Doch nicht nur in der Öffentlichkeit werden wir täglich mit verschiedenen Versuchen von Manipulation konfrontiert, auch im privaten Umfeld kommt es häufig zu solchen Vorfällen. In einer Liebesbeziehung kann es zur Manipulation kommen, wenn eine Person Angst hat, verlassen zu werden. Sie bedrängt ihren Partner dann stark und zeigt ihm immer wieder neue Gründe auf, warum eine Trennung undenkbar wäre. Einige Frauen gehen dabei so weit, dass sie eine Schwangerschaft vortäuschen. Doch die Situation muss sich gar nicht so zuspitzen. Es reicht schon, wenn der Mann einen Fußballabend mit seinen Freunden verbringen will, dies aber nicht offen kommuniziert, sondern stattdessen seine Frau dazu drängt, einen Kinobesuch mit ihren Freundinnen zu planen. Sie kommt dabei nicht direkt zu Schaden, doch die Manipulation findet trotzdem statt, denn der Mann hat seine eigentlichen Absichten nicht offen dargelegt.

Auch in der Beziehung zwischen Eltern und ihren Kindern kommt es häufig zu manipulativen Aktionen, von beiden Seiten. Dann zum Beispiel, wenn Eltern ihre Kinder von einer Sachlage überzeugen wollen. Ihre Absichten sind eigentlich gut, denn sie wollen ihr Kind schützen. Allerdings verwenden sie zur Veranschaulichung Argumente, die nicht auf wahren Tatsachen beruhen. Sie wissen, dass ihr Kind diese Informationen nicht überprüfen kann und stellen sie deshalb als Tatsachen dar. Auch Kinder manipulieren ihre Eltern. Dann nämlich, wenn sie besonders lieb lächeln und ihre Augen aufschlagen, um einen Lolli oder ein Eis zu bekommen.

In Freundschaften kommt es auch häufig zur Manipulation. Auffällig ist, dass besonders Menschen, die eine narzisstische Veranlagung haben, oft ihre Mitmenschen manipulieren. Sie sind von sich selbst sehr überzeugt, bauen ihre Einstellung und ihr Selbstwertgefühl aber auch auf dem ständigen Lob und der Bewunderung, sowie der Aufmerksamkeit durch ihre Mitmenschen auf. Für eine Freundschaft ist dies eine harte Probe, denn eine Person ständig die Aufmerksamkeit für sich beansprucht und sich selbst in den schillerndsten Farben darstellt, dann bleibt der anderen kaum etwas anderes übrig, als sich in den Schatten zu stellen.

Auf der anderen Seite sind es auch sehr häufig Menschen mit einem sehr niedrigen Selbstbewusstsein, die zum Manipulator werden. Ihre verdeckten Absichten sind ebenfalls die Aufmerksamkeit durch ihre Mitmenschen, sowie Lob und Anerkennung. Sie äußern diese aber nicht so penetrant wie eine narzisstische Person. Viel öfter sind sie diejenigen, die durch ihre Stellung als Opfer das Mitleid ihrer

Mitmenschen gewinnen. Sie äußern häufig, dass sie sich in einer schlechten Liebesbeziehung gefangen fühlen, dass sie sich im Vergleich zu anderen Menschen hässlich finden und dass sie es niemals zu etwas bringen werden. Durch ihre Selbstdarstellung als hilfloser Mensch bringen sie ihre Mitmenschen dazu, ihnen Mitleid und Aufmerksamkeit, sowie anerkennende Worte entgegenzubringen. Eine solche Person manipuliert ihre Mitmenschen häufig aus einem Zwang heraus, das Ergebnis ist jedoch das gleiche.

Wer wird häufig manipuliert?

Es lässt sich nicht verallgemeinern, dass alte Menschen besonders häufig zum Opfer von Manipulation werden, dass es sich hierbei um Kinder handelt oder um Frauen. Schließlich gibt es viele verschiedene Formen und Strategien der Manipulation. Grundsätzlich kann jeder Mensch manipuliert werden, der ein bestimmtes Bedürfnis hat. Denn eine andere Person erkennt dieses Bedürfnis und nutzt dann die Handlungswilligkeit der betroffenen Person zu ihren Gunsten aus. Es ist jedoch auffällig, das vor allem folgende Menschengruppen sehr häufig zum Opfer von Manipulationsangriffen werden:

- Schutzbedürftige Menschen: Unter diese Kategorie fallen besonders ältere Menschen und Kinder, da sie auf den Schutz und die Pflege durch ihre Mitmenschen angewiesen sind. Ein Kind kennt sich in der Welt noch nicht aus. Es kann verschiedene Vorgänge noch nicht verstehen und verlässt sich deshalb blind auf seine Eltern und andere Mitmenschen. Das kann ausgenutzt werden, denn Kinder haben noch nicht die Mittel, um die Argumente ihrer Eltern zu hinterfragen und Informationen auf ihre Richtigkeit zu überprüfen. Ähnlich verhält es sich mit älteren Menschen. Sie geben immer mehr Aufgaben an ihre Mitmenschen ab, denn sie möchten oder können sich nicht mehr mit bürokratischen Problemen auseinandersetzen. Oft passiert es, dass sie auf ihrer Suche nach Hilfe und Schutz einem Manipulator in die Hände fallen, der sie ausnutzt und ihre finanziellen Rücklagen entwendet. Ebenso schutzbedürftig sind beispielsweise auch Menschen, die aus einem anderen Land stammen und mit unserer Sprache und Kultur nicht vertraut sind. Oft werden diese Menschen ausgenutzt und bestohlen. Sie erkennen das häufig erst sehr viel später, denn ihr Bedürfnis nach Sicherheit und Zugehörigkeit ist sehr groß.

- Menschen auf der Suche nach Liebe: In den Zeiten, in denen Online-Dating-Plattformen ein wahres Hoch durchleben, kommt es immer häufiger zur Manipulation und zum Betrug. Die Person, die sich auf die Suche nach einem Partner oder einer Partnerin befindet, hat ein großes Bedürfnis nach Liebe. Das wird von Betrügern schamlos ausgenutzt, die sich im Internet mit gestohlenen Fotos und Personeninformationen präsentieren. Sie kontaktieren die Menschen, die sich auf der Suche nach der großen Liebe befinden, umgarnen sie und täuschen eine Beziehung vor. Nach einiger Zeit geben sie vor, in einer Notlage zu sein und finanzielle

Hilfe zu benötigen. Auf diese Weise betrügen sie Menschen, die im Internet eine ehrliche Beziehung suchen. Der Schaden beläuft sich meist auf mehrere tausend Euro.

- Personen, die wenig Informationen besitzen: Menschen, die andere Personen manipulieren, machen sich sehr häufig deren Unwissenheit zum Nutzen. Sie überrumpeln ihre Mitmenschen und argumentieren mit scheinbaren Tatsachen, welche die betroffenen Personen aber nicht hinterfragen und auf ihre Richtigkeit überprüfen können. Es handelt sich hierbei beispielsweise um Betrüger, die unwissenden Personen Versicherungen aufschwatzen. Sie werfen dabei mit Zahlen und Daten um sich und verkaufen sich dadurch als professionelle Menschen. Doch sie wissen genau, dass ihr Gegenüber nicht die Möglichkeit, diese Informationen zu überprüfen. Auf Gegenfragen reagieren sie abwertend und aggressiv, denn sie möchten ihre Argumente möglichst deutlich zum Ausdruck bringen, dabei aber keine Kritik zulassen.

Wie kann man Manipulation entlarven und sich befreien?

Wenn Sie befürchten, von einem Mitmenschen manipuliert zu werden, dann haben Sie von nun an folgendes Ziel: die wahren Absichten dieser Person aufzudecken. Denn wenn Sie die Absichten dieses Mitmenschen kennen, dann können Sie auch seine Argumente und Waffen entkräften. Was leicht klingt, ist häufig aber weitaus komplexer. Der Prozess ist umso nervenaufreibender und schwieriger, desto näher ihnen die Person steht, von der Sie befürchten, manipuliert zu werden.

Handelt es sich um eine unbekannte Person, die Sie beispielsweise mit einer Versicherung oder einem Spendenaufruf überrumpelt, so haben Sie relativ wenig Skrupel, die Argumente dieser Person zu hinterfragen und dadurch einem Betrug auf die Schliche zu kommen. Doch das ist nicht mehr so einfach, wenn es sich bei dem Manipulator um ein Familienmitglied oder eine andere nahestehende Person handelt. Denn von einem Menschen, den man liebt und dem man vertraut, möchte man unter keinen Umständen einen Betrug erwarten.

Die beste Technik, um einen manipulativen Vorgang aufzudecken ist, alles zu hinterfragen, was von dieser Person kommt. Und zwar so lange, bis sie die wahren Motive und Absichten des Manipulators kennen.

- Zunächst einmal ist eine wichtige Regel, dass Sie selbst sachlich und objektiv bleiben. Auch wenn Ihr Gegenüber Sie in eine hitzige Diskussion verwickeln oder mit seinen erdrückenden Argumenten einschüchtern möchte. Lassen Sie sich nicht beeindrucken, versuchen Sie, in Ihrem Inneren Abstand zu gewinnen und bewahren Sie einen kühlen Kopf. Sie konzentrieren sich nun nicht mehr nur auf den Inhalt der Diskussion, Sie sind einer Fährte auf der Spur und verfolgen vor allem die versteckten Absichten Ihres Gegenübers.

- Hinterfragen Sie dahingestellte Tatsachen und Argumente des Manipulators: Eine manipulative Person blendet seine Opfer mit zahlreichen Argumenten, die zunächst erdrückend zu sein scheinen, sich bei näherem Hinsehen aber als unwahr entlarven. Wenn Sie die Argumente Ihres Gegenübers bereits aus vorangegangenen Gesprächen kennen, dann hatten Sie genug Zeit, diese zu überprüfen. Konfrontieren Sie Ihren Gesprächspartner mit seinen fehlerhaften Argumenten und den Zahlen und Tatsachen, die

Sie bei Ihren Nachforschungen gefunden haben. Wenn die andere Person ehrlich ist und Sie nicht manipulieren wollte, dann wird sie einlenken, sich auf neue Argumente einlassen und sich geschlagen geben, wenn sie im Unrecht ist. Möchte die andere Person Sie aber manipulieren, dann wird sie bei der Konfrontation mit ihren Lügen versuchen, Sie emotional zu erpressen und einzuschüchtern. Sie wird neue Argumente auftischen und nicht davor zurückschrecken, dabei auch beleidigend zu werden. Lassen Sie sich hiervon nicht beeindrucken, so schwer dies auch sein mag. Bleiben Sie weiterhin sachlich und konfrontieren Sie Ihr Gegenüber mit einem objektiven Standpunkt und bombenfesten Argumenten.

- Gewinnen Sie Abstand: Menschen, die Sie manipulieren wollen, nutzen häufig das Überraschungsmoment. Sie überrollen Sie mit Aussagen und geben vor, damit Ihre Bedürfnisse befriedigen zu wollen. Am besten können Sie sich aus einer solchen Situation befreien, indem Sie sagen, dass Sie sich erstmal über das Thema informieren möchten. Wenn Sie davon erzählen, dass Sie einen befreundeten Anwalt, einen anderen Spezialisten auf dem jeweiligen Gebiet oder einen Menschen aus der Familie zu Rate ziehen wollen, dann beginnen Betrüger in den meisten Fällen mit ihrem Rückzug, denn sie möchten nicht, dass Sie sich Verstärkung holen.

- Hinterfragen Sie Ihre eigenen Emotionen und Ihr Bauchgefühl: Oft haben wir ein schlechtes Gefühl in unserer Magengegend, wenn wir manipuliert werden. Schließlich werden wir bei diesem Prozess zu einer Handlung oder einem Entschluss gedrängt, die wir eigentlich nicht angestrebt haben. Hinterfragen Sie deshalb immer wieder Ihre eigene Einstellung zu einem Thema. Wie haben Sie sich vor dem Beginn des Gesprächs gefühlt, welchen Standpunkt haben Sie zu diesem Zeitpunkt vertreten und wie hat sich Ihr Gefühl während des Gesprächs verändert? Haben Sie das Gefühl, dass Sie argumentativ überzeugt werden konnten oder fühlen Sie sich überrollt und bedrängt? In diesem Fall müssen Sie lernen, nein zu sagen. Treffen Sie Entscheidungen grundsätzlich nur, wenn keine starken Emotionen im Spiel sind, achten Sie auf die Richtigkeit der Argumente und lassen Sie sich niemals zu einer schnellen Entscheidung oder Unterschrift drängen. Einen guten Entschluss werden Sie auch morgen, übermorgen und in einem Monat noch gut finden.

- Konfrontieren Sie Ihr Gegenüber mit Ihrem Verdacht: Selbstverständlich müssen Sie Ihrem Gesprächspartner nicht sagen: „Du manipulierst mich", doch es gibt andere Formulierungsmöglichkeiten, mit denen Sie Ihren Verdacht subtiler äußern können. Sie können beispielsweise sagen: „Ich habe das Gefühl, dass du mich drängst", oder „Ich weiß nicht, welche Absichten du mit diesem Vorhaben verfolgst." Auf diese Weise geben Sie Ihrem Gegenüber zu verstehen, dass Sie eine Manipulation befürchten. In den meisten Fällen wird der Manipulator einen Rückzieher machen, denn er möchte nicht verdächtigt werden und keinesfalls auffliegen. Es kann aber auch sein, dass er noch ausfälliger wird, Sie eines falschen Verdachts und des Vertrauensverlustes beschuldigt. In jedem Fall jedoch wird er in Zukunft vorsichtiger sein und diese Veränderung in seinem Verhalten können Sie richtig deuten, denn Sie wissen: wer nichts versteckt, der hat auch nicht zu befürchten, aufgedeckt zu werden.

Wie kann man Einfluss auf sein Umfeld nehmen?

Nachdem wir in den letzten Kapiteln darauf eingegangen sind, welche verschiedenen Formen der Manipulation es gibt und wie Sie sich von negativen Manipulationsversuchen befreien können, wird sich Ihre Position in diesem Kapitel ändern. Denn nun werden Sie zum Manipulator. Es gibt einige Tricks, mit deren Hilfe Sie sich in Ihrem Alltag schneller in Richtung Ihrer Ziele bewegen können. Selbstverständlich müssen Sie darauf achten, dass Ihre Mitmenschen durch Ihr Verhalten nicht zu Schaden kommen. Ihre Entscheidungen und Ihr Vorgehen sollten stets ethisch vertretbar sein.

Menschen reagieren hilfsbereit, wenn Sie ihnen sympathisch sind. Doch wie schaffen Sie es, bei Ihrem Gegenüber nach einem kurzen Gespräch einen positiven Eindruck zu hinterlassen? In diesem Kapitel warten einige sehr leicht umsetzbare Tricks und Strategien darauf, von Ihnen umgesetzt zu werden:

- Freundliches Auftreten und breites Lächeln: Menschen reagieren schneller und hilfsbereiter, wenn Sie ihnen gefallen. Mit Sanktionen und angsteinflößendem Benehmen kommen wir im Alltag allerdings eher selten an unser Ziel, denn wir fliegen bereits nach kurzer Zeit auf. Selbst wenn wir über einen kurzen Zeitraum hinweg Angst einflößen können, so trägt uns die herzliche Hilfsbereitschaft unserer Mitmenschen sehr viel weiter. Versuchen Sie es mit einem strahlenden Lächeln, guten Manieren und einem insgesamt freundlichen, offenen Auftreten. Wenn Sie dann um einen Gefallen bitten, dann werden Sie genug Menschen finden, die Ihnen weiterhelfen möchten.

- Die Fuß-in-den-Türspalt Methode: Wenn Sie zunächst um einen kleinen Gefallen bitten und Ihnen dieser gewährt wird, dann können Sie anschließend um einen größeren Gefallen bitten. Lassen Sie uns dies an einem kleinen Beispiel verdeutlichen. Sie brauchen Hilfe beim Tragen schwerer Kartons. Der Weg von Ihrem Büro zu Ihrem Auto führt durch die Eingangshalle und eine große Tür. Zunächst tragen Sie einige kleinere Kartons, an der Eingangstür begegnet Ihnen ein Arbeitskollege und Sie bitten diesen freundlich darum, Ihnen die Tür aufzuhalten. Da er Ihnen diesen kleinen Gefallen gerne tut, können Sie nun auch zur Sprache bringen, dass Sie ja noch einige weitere Kartons in Ihrem Büro haben, die ebenfalls getragen werden müssten. Ihr Mitarbeiter wird Ihnen gerne dabei helfen.

- Direkten Kontakt herstellen: Seien Sie bei Gesprächen wachsam und beteiligen Sie sich aktiv. Hören Sie aufmerksam zu und schauen Sie Ihrem Gesprächspartner direkt in die Augen. Auch Ihr Händedruck sollte fest sein. Erinnern Sie sich später an Details, die Ihr Gegenüber in einem Nebensatz fallengelassen hat, dadurch stellen Sie eine direkte Verbindung zu Ihrem Gegenüber her und zeigen diesem, dass Sie ein ehrlicher und interessierter Gesprächspartner sind.

- Zeigen Sie Begeisterung: Wenn Sie sich in einem Gespräch befinden, so sollten Sie versuchen, ehrliche Begeisterung für die Äußerungen und Ideen Ihrer Mitmenschen zu zeigen. Auf diese Weise fühlen sich diese respektiert und wertgeschätzt. Das hat zur Folge, dass sie Ihre Vorhaben und Ideen mit ebenso großer Begeisterung unterstützen.

- Schenken, um beschenkt zu werden: Zugegeben, dieser Trick ist sehr hinterhältig, doch wenn Sie einem Mitmenschen ein Geschenk machen, dann verpflichten Sie diesen dabei gleichzeitig auch, Ihnen etwas zurück zu schenken. Der Preis und Wert der Geschenke steigen dabei an. Es reicht also meistens schon, wenn Sie Ihrem Arbeitskollegen einen kleinen Gefallen tun, damit er sich dazu verpflichtet fühlt, ihnen später einen weitaus größeren Gefallen zurück zu geben.

POSITIVE PSYCHOLOGIE UND EINSTELLUNG

Was bedeutet „positiv"?

Im alltäglichen Sprachgebrauch ist etwas Positives etwas, das nur gutes mit sich bringt. Es hat keine schlechten Eigenschaften und keine negativen Seiten. Doch was bedeutet das für einen Menschen und welche Bereiche umfasst eine positive Einstellung?

Schnell könnte geglaubt werden, dass eine Person positiv ist, wenn sie stets glücklich ist, ein Lächeln auf den Lippen hat und niemals bekümmert zu sein scheint. Dem ist jedoch nicht so, denn eine positive Einstellung umfasst noch weitaus mehr. Außerdem gibt es unterschiedliche Formen:

Menschen, die unbedacht positiv sind, neigen zu Naivität. Sie werden von dem Grundgedanken bestimmt, dass jede Situation stets gut ausgehen würde. Auf Grund ihrer positiven Grundeinstellung verschwenden sie keine Gedanken an Hindernisse oder Probleme, die auf dem Weg auftauchen könnten. Problematisch ist dies dann, wenn die naive Positivität nicht an ein starkes Selbstwertgefühl gekoppelt ist. Denn dann kann die Fassade nicht lange aufrechterhalten werden und es schleichen sich erste Zweifel ein. Wer eine naive positive Einstellung hat, der wird in seinem Leben in viele Gräben fallen und aus diesen nur solange wieder herauskommen, wie er an seiner positiven Denkweise festhalten kann. Doch was geschieht, wenn ein Schicksalsschlag über einem hereinbricht, der so stark ist und so viel Leid mit sich bringt, dass die naive Positivität nicht mehr aufrechterhalten werden kann? Dann kippen diese Menschen oft in eine negative Denkweise, denn sie können nicht verstehen, warum sie so viel Leid über sich ergehen lassen müssen. Weil Sie kein selbstbestimmtes Leben führen, sondern bisher davon ausgingen, dass sich alle Dinge von allein zum Guten wenden, fühlen sie sich nun von den negativen Ereignissen hin und her geschmissen.

Es gibt auch Menschen mit einer überlegten, positiven Einstellung. Sie sind in der Lage, die Ereignisse zu betrachten, wie sie sind und scheuen auch nicht, schlechte Erlebnisse als solche einzuordnen. Dennoch können sie aus jedem Ereignis ein positives Ergebnis ziehen. Sie wissen, dass es verschiedene Arten von Erlebnissen gibt. Einige sind selbstverschuldet, andere lassen sich nicht beeinflussen. Da sie sehr überlegt handeln und stets viele verschiedene Alternativen durchdenken, um ein positives Ergebnis zu erzielen, sind sie nicht überrascht, wenn ihre Pläne nicht aufgehen. Sie lernen aus ihren Fehlern, anstatt den Kopf in den Sand zu stecken und versuchen es erneut. Aus jedem Fehltritt kann man schließlich auch etwas Positives ziehen.

Lassen Sie uns diese beiden Arten einer positiven Einstellung an einem eindrücklichen Beispiel erläutern:

Eine positive Person mit einer naiven Einstellung begibt sich nach der Arbeit auf den Heimweg. Es ist bereits dunkel und ihr Weg führt sie an einem Waldrand entlang, doch da sie sich auf ihre Positivität verlässt, denkt sie nicht weiter über mögliche Gefahren nach. Sie wird überfallen und ausgeraubt, kann sich das Verhalten des Räubers nicht erklären und bleibt allein in der Dunkelheit zurück, dem Zusammenbruch nahe. Da sie dieses überaus traumatische Erlebnis nicht mit ihrer positiven Einstellung vereinen kann, ist ihr Weltbild in seinen Grundzügen erschüttert.

Eine andere Person hat eine überlegte, positive Einstellung. Sie vertraut auf ihr Vermögen, Probleme zu bewältigen und obwohl sie sich in der gleichen Situation befindet, wie Person A, hat sie Vorsichtsmaßnahmen getroffen. Auch sie muss den Weg an dem Waldrand entlanggehen, doch sie hat ein Pfefferspray in der einen Hand und umfasst ihren

Haustürschlüssel fest mit der anderen. Sie vertraut nicht darauf, dass ihr nichts widerfahren wird. Sie verlässt sich aber auf ihre eigene Stärke und ihr Vermögen, gefährliche Situationen zu bewältigen. Als sie überfallen wird, überführt sie den Räuber. Sie befand sich in der gleichen Situation, begab sich jedoch nie in die Position des Opfers.

Nun ist es an der Zeit, dass Sie sich und Ihre Weltanschauung analysieren. Welche Einstellung haben Sie und welche möchten Sie haben?

Achtsamkeit

Mit Achtsamkeit wird ein Zustand genannt, bei dem sich ein Mensch mental und körperlich im Hier und Jetzt befindet. Heute, in einer Zeit, in der wir von einem Termin zum Nächsten rennen, ist dies keine Selbstverständlichkeit. Die meiste Zeit verbringen wir damit, vergangene Momente aufzuarbeiten und uns über die Zukunft und ihre Unsicherheit zu sorgen. Doch dabei verpassen wir die Gegenwart. Und eigentlich ist die Gegenwart alles, was wir haben. Die Vergangenheit ist nicht mehr aktuell und die Zukunft ist ungewiss. Doch diesen Moment, im Hier und Jetzt, den kann uns keiner nehmen.

Das Prinzip geht zurück auf den Buddhismus, doch Achtsamkeit spielt heute in der westlichen Welt eine große Rolle, denn sie bringt weitreichende, positive Folgen mit sich. Wenn wir vergangene Momente beweinen, weil sie nicht so abgelaufen sind, wie wir es uns vorgestellt haben und gleichzeitig zukünftige Momente herbeisehnen, weil wir uns ausmalen, wie viel Zufriedenheit sie uns bringen werden, dann bleibt kein Platz für das Leben, das tatsächlich stattfindet.

Die Achtsamkeit zielt darauf ab, die Gegenwart als solche wahrzunehmen, mit all unseren Sinnen. Wir bewerten sie jedoch nicht, sondern beobachten sie nur. In unserem Alltag werden wir ständig von unseren Emotionen und Gedanken eingenommen. Sie entscheiden darüber, ob unser Tag gut oder schlecht wird, sind meist aber gar nicht an tatsächliche Ereignisse gekoppelt, sondern vielmehr an unsere subjektive Betrachtung und unsere ständigen Bewertungen.

Doch was passiert, wenn wir Abstand zu unseren Emotionen gewinnen und uns stattdessen auf die Dinge einlassen, die tatsächlich um uns herum passieren?

Zahlreiche Psychologen und Therapeuten konnten erkennen, dass Achtsamkeit positive Auswirkungen auf unsere Psyche hat.

Strategien zur Bewältigung von Problemen

In diesem Kapitel wird es vor allem darum gehen, wie wichtig die Bildung eines Teams ist, wenn es um die Bewältigung von Strategien geht.

Wer sein Leben positiv gestalten möchte, der muss Probleme und Herausforderungen frontal angehen. Es bringt nichts, sich herumschubsen zu lassen, die Abhängigkeit von anderen zu suchen und dadurch ein Leben zu haben, das nicht selbstbestimmt ist. Jeder Mensch wird im Laufe seines Lebens mit den unterschiedlichsten Problemen konfrontiert. Manche sind klein und werden kaum bewusst wahrgenommen, andere legen sich einem wie ein schwerer Stein auf die Brust und verharren dort über Wochen oder Monate hinweg. Doch nur wer sich den Problemen und ihrer Bewältigung aktiv stellt, der kann positive Rückschlüsse aus ihnen ziehen und gestärkt aus diesen Herausforderungen hervorgehen.

Grundsätzlich können Menschen in sechs Gruppen eingeteilt werden, wenn es um ihren Ansatz der Problemlösung geht:

- Rationale Menschen verlassen sich auf Zahlen und Fakten. Sie machen Listen der Nach- und Vorteile verschiedener Lösungsansätze und suchen ihre Bewältigungsmethoden mit Hilfe logischer Schlussfolgerungen aus. Ihre Entscheidungen treffen sie überlegt und sorgfältig.

- Teamorientierte Menschen sind nicht gerne allein. Sie möchten Probleme mit anderen gemeinsam lösen. Ihnen ist es wichtig, unterschiedliche Meinungen einzuholen und verschiedene Argumente im direkten Vergleich zueinander abzuwägen.

- Individuelle Menschen arbeiten nicht gerne in Zusammenarbeit mit anderen. Sie verlassen sich auf ihren eigenen Verstand, setzen sich aber sehr intensiv mit einem Thema oder Problem auseinander. Dabei möchten sie nicht gestört werden.

- Analytische Menschen arbeiten, wie rationale Personen auch, mit Fakten und Daten. Sie wägen Argumente systematisch ab und entscheiden sich dann für einen Lösungsvorschlag, der schlüssig und logisch ist.

- Kreative Menschen sprudeln sehr oft über vor Ideen. Wenn Sie sich einem Problem gegenübersehen, dann verlieren sie zwar häufig den Überblick, haben aber sehr kreative Lösungsvorschläge. Sie lassen sich oft von ihrem Bauchgefühl und ihren Emotionen leiten oder zumindest beeinflussen.

- Ganzheitliche Menschen versuchen, ein Problem und die unterschiedlichen Lösungsansätze von allen Seiten zu betrachten. Sie erkennen, welche Bedingungen zu ihren Gunsten ausgespielt werden können, sehen aber auch die negativen Seiten ihrer Lösungsvorschläge.

Wichtig ist in diesem Zusammenhang vor allem, dass Sie sich selbst beobachten und nach einer eingehenden Selbstreflektion bestimmen können, welche Strategie Sie bei der Bewältigung von Problemen verwenden. Wenn Sie Ihre Stärken und Schwächen kennen, dann können Sie noch problemorientierter vorgehen und sich vor allem auch die Hilfe suchen, die Sie wirklich brauchen. Bei der Lösung von Problemen scheint sehr erfolgreich zu sein, wer sich Unterstützung von Menschen holt, die eine andere Strategie verfolgen.

Einem rationalen Menschen kann es beispielsweise helfen, sich mit einem kreativen Menschen zusammen zu tun. Dieser kann die eigenen Argumente und Lösungsansätze um kreative Ideen ergänzen. Ebenso sehr hilft es einem kreativen Menschen, eine rationale oder analytische Person zur Verstärkung zu nehmen, die ihre wirren Ideen ordnen und systematisch verbinden kann.

Es kann sich bei diesen Menschen um Personen aus Ihrem privaten Umfeld handeln. Eine wichtige Voraussetzung ist, dass Sie ihnen vertrauen, schließlich müssen Sie Ihnen Probleme offenbaren können, an denen Sie in Ihrem Leben sehr zu knabbern haben. Wenn Sie keinen Menschen in Ihrem persönlichen Umfeld haben, dem Sie diese wichtige Aufgabe anvertrauen, dann können Sie sich auch professionelle Hilfe suchen. Hierfür können Sie sich beispielsweise an einen Psychotherapeuten oder einen Coach wenden, der Ihnen dabei hilft, Ihre Probleme aktiv anzugehen und Bewältigungsstrategien zu entwickeln. Wenn Sie sich mit den Hindernissen und Herausforderungen, die Ihnen in Ihrem Leben begegnen, auseinandersetzen, dann können Sie dadurch eine positive Einstellung unterstützen. Schließlich leben Sie selbstbestimmt und lassen sich nicht von anderen Menschen oder Ereignissen herumwirbeln.

Gesunder Lebensstil

Wenn Sie insgesamt einen gesunden Lebensstil pflegen, dann können Sie dadurch Ihre Lebensqualität steigern. Dies ist ein wichtiger Bestandteil eines positiven Mindsets.

Der Übersicht halber wollen wir die Komponenten, die einen gesunden Lebensstil ausmachen, in diesem Kapitel in zwei Gruppen teilen:

- Physische Gesundheit:

    - ❑ Ausgewogene Ernährung: Wenn Sie darauf achten, dass Sie ausreichend Nährstoffe, Vitamine und Mineralstoffe zu sich nehmen, dann unterstützen Sie dadurch Ihren Stoffwechsel auf die bestmögliche Weise. Damit eine ausgewogene Ernährung langfristig gelingt, ist oft eine umfassende Nahrungsumstellung notwendig. Hierfür müssen Sie damit beginnen, eine andere Einstellung zu Ihrer Ernährung und den einzelnen Lebensmitteln aufzubauen.

    - ❑ Ausreichend Flüssigkeitsaufnahme: Wir versuchen, uns gesund zu ernähren, viel Gemüse und Ballaststoffe einzunehmen und auf fettige Fertiggerichte zu verzichten. Doch was wir dabei oft vergessen ist, dass wir unserem Körper ausreichend Flüssigkeit zuführen müssen. Ist dies nicht der Fall, dann werden wichtige Funktionen und Vorgänge in unserem Organismus eingestellt. Dies kann langfristige, negative Folgen für unsere Gesundheit haben.

- ❑ Sport und Bewegung: Sie müssen nicht wöchentlich mehrere Stunden Hochleistungssport treiben, um Ihren Körper gesund und fit zu halten. Es geht vielmehr darum, regelmäßig viel Bewegung in unseren Alltag zu integrieren. Auf diese Weise unterstützen wir unseren Stoffwechsel, vermeiden Übergewicht und regen unseren Kreislauf an.

- ❑ Schlafhygiene: Viele Menschen unterschätzen, welch großen Einfluss die Qualität unseres Schlafes auf unsere Gesundheit hat. Probieren Sie aus, wie viele Stunden Schlaf Sie benötigen, um sich leistungsfähig zu fühlen und konzentrieren zu können. Doch nicht nur die Quantität spielt eine große Rolle, sondern auch die Qualität des Schlafes. Wer abends gut einschlafen kann, dessen Körper kann sich in der Nacht optimal regenerieren.

- ❑ Prophylaktische Arztbesuche: Suchen Sie nach guten Ärzten, während Sie noch nicht auf sie angewiesen sind. Auf diese Weise haben Sie vertrauensvolle Ärzte an Ihrer Seite, falls Sie doch einmal Hilfe brauchen. Wenn Sie regelmäßig zum Arzt gehen, dann können Krankheiten bereits in einem frühen Stadium erkannt werden, was die Therapie in den meisten Fällen stark beeinflusst.

- Psychische Gesundheit:

  - ❑ Soziales Netzwerk: Wer ein starkes Netz aus Freunden und Familie hat, der fühlt sich in schwierigen Momenten weniger allein. Es ist wichtig, Mitmenschen zu haben, mit denen man sich austauschen kann und die einen in einem Notfall tatkräftig unterstützen.

  - ❑ Selbstreflexion: Vergessen Sie nie, Sie können nur etwas an Ihrem Zustand ändern, wenn Sie Probleme und Hindernisse erkannt haben. Aus diesem Grund ist es überaus wichtig, dass Sie sich regelmäßig mit sich selbst, Ihrer Weltanschauung, Ihren Verhaltensmustern und Gewohnheiten beschäftigen. Dabei sollten Sie stets ehrlich mit sich selbst sein, denn wenn Sie Schwachstellen entdecken und sich diese auch eingestehen, dann können Sie etwas an Ihrer Verhaltensweise ändern.

- Gesunde Work-Life-Balance: Versuchen Sie, ein Gleichgewicht zwischen Ihrem Berufsleben und Ihrem Privatleben herzustellen. Es wird Situationen geben, in denen dies nicht möglich ist, doch der langfristige Zustand sollte sich in einem Gleichgewicht befinden, mit dem Sie sich wohlfühlen. Fühlen Sie sich unterfordert, dann nehmen Sie neue Herausforderungen an. Haben Sie das Gefühl, über einen längeren Zeitraum in einem Stress zu versinken, der Sie körperlich und seelisch beeinflusst, dann sollten Sie rechtzeitig die Entscheidung treffen, sich etwas zurückzunehmen.

SCHLUSSWORT

Ich danke ihnen sehr, dass Sie sich zu dem Kauf dieses Buches entschieden haben und hoffe, dass ich Ihnen nützliche Informationen und Tipps auf Ihren persönlichen Lebensweg mitgeben konnte.

Dies ist kein Buch, dass sich gut als Abendlektüre eignet. Es werden Themen angesprochen, die Sie aufwühlen können und Sie werden aktiv mitdenken müssen, wenn Sie Erfolge feiern möchten. Doch der Aufwand lohnt sich, denn wer sein Leben selbst in die Hand nimmt und es aktiv selbst gestaltet, der wird glücklich!

In diesem Sinne wünsche ich Ihnen viel Erfolg und alles Gute für Ihren individuellen Weg.

HAFTUNGSAUSSCHLUSS

Dieses Buch enthält Meinungen und Ideen des Autors / der Autorin und hat die Absicht, Menschen hilfreiches und informatives Wissen zu vermitteln. Die enthaltenen Strategien passen möglicherweise nicht zu jedem Leser, und es gibt keine Garantie dafür, dass sie auch wirklich bei jedem funktionieren. Die Benutzung dieses Buchs und die Umsetzung der darin enthaltenden Informationen erfolgt ausdrücklich auf eigenes Risiko. Haftungsansprüche gegen den Autor für Schäden materieller oder ideeller Art, die durch die Nutzung oder Nichtnutzung der Informationen bzw. durch die Nutzung fehlerhafter und/oder unvollständiger Informationen verursacht wurden, sind ausdrücklich ausgeschlossen. Das Werk, inklusive aller Inhalte, gewährt keine Garantie oder Gewähr für Aktualität, Korrektheit, Vollständigkeit und Qualität der bereitgestellten Informationen. Druckfehler und Fehlinformationen können nicht vollständig ausgeschlossen werden.

Impressum: ZP Digital Mihail Kogalniceanu 66 of.3 MD-2009 Chișinău Moldova, zpdigital@yahoo.com

Printed in Germany
by Amazon Distribution
GmbH, Leipzig

19200506R00066